Der Zauber jener Welt

Ausgewählt und kommen-

tiert von Elisabeth Ammann

Mit einem Nachwort von

Heinz Stefan Herzka

Der Zauber jener Welt

Erste Kindheitserinnerungen

deutschsprachiger Schriftsteller

Artemis Verlag

© 1974 Artemis Verlag Zürich und München
Umschlag und Typographie: P. Rüfenacht, Artemis
Satz und Druck: Genossenschaftsdruckerei Zürich
Printed in Switzerland
ISBN 3 7608 0356 3

Denn der tiefste Gehalt und der tiefste Zauber jener Welt entzieht sich aller Gestaltung durch das Mittel des berichtenden Wortes; ihr Zauber liegt in der Erstmaligkeit aller bewußten Eindrücke – ihr Gehalt in dem Glauben an die Gültigkeit dieser Eindrücke; beides ist als Erlebnis unwiederholbar und darum nicht auszudrücken.

INA SEIDEL

Die Texte:

Vorwort

Dreiundvierzig Autoren des deutschsprachigen Raums kommen zu Wort. In längeren oder kürzeren Abschnitten aus ihrem autobiographischen Schaffen führen sie uns hinab, zurück, an die Schwelle ihres bewußten Erlebens, in die ersten – glücklichen oder verweinten – Jahre ihres Daseins. Dieses Buch umfaßt ausschließlich Erinnerungen an die ersten fünf bis sechs Lebensjahre; die Schulpflicht liegt noch fern; es zählt die allernächste Umgebung, das elterliche oder sonst ein vertrautes Haus, wobei das Spektrum der Schilderungen erstaunlich weit reicht. Die Begrenzung des Zeitraums schließt Erlebnis- und Erfahrungsfülle nicht aus, ja, es wirkt oft unglaublich, daß diese Schriftsteller so vieles aus ihren ersten Monaten und Jahren vor dem Absinken in Vergessenheit bewahrt haben sollen: Sie nennen Furcht und Schrecken (Ulrich Bräker, Marie von Ebner-Eschenbach, Theodor Fontane u.a.), Naturerlebnisse (Hermann Hesse, Gertrud von Le Fort u.a.), erstes Innewerden mitmenschlicher Liebe (Jean Paul, Carl Spitteler u.a.) oder aber schmerzender Zerwürfnisse (Karl Philipp Moritz); sie drücken sich knapp aus wie zum Beispiel Gottfried Benn und Heinrich Böll, oder sie erzählen ausführlich, farben- und formenreich, mit erstaunlichen Details nicht zurückhaltend, wie Heinrich Federer, Maria Waser u.a. Aussagekräftig sind alle unsere Zitate, ob sie glaubwürdig erscheinen oder nicht, ob wir sie in historischer und/oder psychologischer Hinsicht anzweifeln müssen: «Über das Datum eines Ereignisses kann der Lebensbeschreiber sich irren, zumal wenn er aus der Erinnerung schreibt, Einzelheiten der Vorgänge... mögen sich ihm verwirren: über die wichtigsten Eindrücke seines Lebens, über die Vorstellungen und Stimmungen, welche einzelne wichtige Vorkommnisse in ihm auslösen,... kann er sich nicht irren» (W. Mahrholz, S. 8). Chronologisch gesehen macht Ulrich Bräker den Anfang. Karl Philipp Moritz vertritt ebenfalls das achtzehnte Jahrhundert, und Jean Paul leitet über zum neunzehnten, das die Namen Marie von Ebner-Eschenbach, Theodor Fontane, Justinus Kerner u.a. bringt. Der größte Teil der Zitierten gehört unserem Jahrhundert an, zehn lebende Autoren wurden berücksichtigt.

Das Vorgehen war einfach, aber zeitraubend: Es stand fest, daß Ulrich Bräker nicht fehlen durfte; die Anmut und Unmittelbarkeit seiner autobiographischen Schilderungen waren der Herausgeberin bekannt. Nun galt es – angefangen bei diesem unkomplizierten Zeugen seiner ersten Jahre –, bis in die Moderne die «echten» und die «sogenannten» Selbstbiographien, Selbstporträts und wie die Äußerungen alle bezeichnet worden sein mögen von ihren Dichtern, Herausgebern und Kommentatoren, sorgfältig zu sichten und bei Rückgriffen auf die ersten Kinderjahre anzuhalten. Mehr als eine Auswahl kann und will diese Anthologie nicht sein. Oberste Auswahlkriterien waren die zeitliche Begrenzung der Erinnerungen und die Verständlichkeit der von ihrem unmittelbaren Zusammenhang losgelösten Texte. Sodann war die Erkenntnis wegweisend, daß verschiedene heute unbekannte, in Vergessenheit geratene Autoren (wie zum Beispiel die drei Autorinnen Mechtilde Lichnowsky, Agnes Miegel und Margarete Susman oder die oft als Randfiguren behandelten Dichter Rudolf G. Binding und Franz Nabl) mit ihren Autobiographien zu fesseln vermögen und so erneut die Aufmerksamkeit auf sich lenken dürften.

Ferner schien es sinnvoll, Autoren zu wählen, die zwar bekannt sind, sich aber ihren Namen vor allem auf einer andern Sparte als der der (autobiographischen) Prosa erworben haben (zum Beispiel Gottfried Benn, Friedrich Dürrenmatt, Gerhart Hauptmann, Peter Weiss).

Abgesehen davon, daß die Klassik eher zum Bildungsroman als zur Autobiographie neigte, wurde zum Beispiel Goethes «Dichtung und Wahrheit» nicht vergessen, sondern absichtlich nicht zitiert, weil die Last des bereits Gesagten zu schwer wiegt; es wäre unmöglich, wenige Seiten dieses autobiographischen Romans zu kommentieren, ohne sie in ihrer Verflechtung mit dem Ganzen zu zeigen und auf die bestehende Sekundärliteratur einzugehen.

Bei Jung-Stilling war das Problem anderer Art: Er erzählt über seine früheste Kindheit nur Gehörtes, nicht seine eigenen Erinnerungen; Bergengruens Beitrag «Autobiographisch» in «Welt und Wort» 7 (1952) entpuppte sich als Betrachtung über das Sich-Porträtieren. Für Doderers und Döblins autobiographische Aufsätze, für Edschmids Selbstporträt, für Falladas «Damals bei uns daheim», für Hagelstanges «Es steht in unserer Macht» u.a.m. gilt dasselbe: Sie äußern sich nicht über ihre allererste Lebensjahre! Von Anna Seghers sind wohl eine Reihe Erzählungen veröffentlicht, jedoch findet sich darunter keine, die als autobiographisch zu bezeichnen wäre, und bei Bert Brecht muß man wohl auf seine «Tagebücher» warten, um vielleicht etwas Privates zu erfahren. Dies nur einige der vielen vergeblich «aufgerufenen» Namen.

Die Absichten der Auswahl sind erfüllt, wenn sie zur Lektüre dieser oder jener Autobiographie und zu deren besserem Verständnis führt und überdies zur Bereitschaft, auch leiseren Registern Gehör zu schenken.

Man darf sich aber nicht irreleiten lassen: Das Ich des Erzählers der Autobiographie ist nicht zum vorneherein gleichzusetzen mit dem privaten Ich des Autors. Wir haben Schriftsteller vor uns, die sich zuweilen nur in komplizierten Brechungen zu erkennen geben, selbst wenn sie ihre Erinnerungen eigenhändig mit «autobiographisch» überschreiben. Gerade diese Umwege – bei Curt Goetz zum Beispiel über die Er-Erzählung – sind ebenfalls Teil der individuell gefärbten Mitteilungsart des einzelnen.

Hauptanliegen der Kommentare ist es nun nicht, die verschiedenen Aussageweisen psychologisierend zu interpretieren. Es geht lediglich darum, sie stilistisch etwas zu erläutern und, wo der Einblick in weitere Werke des Autors dies erlaubt, Zusammenhänge aufzudecken. An geeigneter Stelle sind biographische Details in die Kommentare eingebaut.

Das Literaturverzeichnis enthält nicht ausschließlich benutzte Werke; es sind auch Titel aufgeführt, die zur Vertiefung der in den Kommentaren angeschnittenen Fragen empfehlenswert sind.

Wer jedoch in diesem Band nichts weiter als ein Lesebuch sucht, genieße die Kostproben autobiographischer Dichtung, ohne sich um Kommentare und Literaturhinweise zu kümmern. Die besonderen Reize der einzelnen Aussage können ihm auch so nicht entgehen.

ELISABETH AMMANN

Für die allgemeinen und entwicklungspsychologischen und anthropologischen Aspekte sei auf das Nachwort von H. S. Herzka hingewiesen, der die vorliegende Zusammenstellung angeregt und begonnen hat.

Alfred Andersch

Weiß nicht mehr genau, in welche Jahreszeit die Münchner Räterepublik fiel. Ist ja leicht festzustellen. Frühjahr, glaub' ich. War, glaub' ich – mein' ich, wollen Sie sagen, würde K. sagen, glauben können Sie nur an Gott –, mein' ich also, ein dunkler, schmutziger Frühlingstag, an dem sie Menschen in langen Reihen die Leonrodstraße in München entlang führten, in Richtung auf das Oberwiesenfeld zu, um sie in den weiten Höfen, vor den Garagenwänden des «Kraftverkehr Bayern» zu erschießen. Die erschossen werden sollten, hatten die Hände über den Kopf erhoben, vor Müdigkeit lagen die Hände lose gekrümmt auf den Köpfen, oder die eine Hand umschloß die andere am Gelenk. Lange Kolonnen, in unregelmäßigen Trupps, immer wieder kamen welche. Die anderen, die auf sie schießen würden, hatten die Gewehre im Anschlag. Sah das vom Balkon unserer Wohnung in einer Seitenstraße aus, aber verstand es damals noch nicht. «Das Gesindel», hörte ich meinen Vater hinter mir sagen, denn die Räterepublik war zu Ende, aber dann zog er mich doch weg, vielleicht weil ein Grausen ihn überfiel oder weil ein Wichtigtuer unten auf der Straße gerufen hatt: «Fenster zu! Es wird geschossen!» Sah damals mit meinem fünfjährigen Kindergesicht über die Brüstung des Balkons hinweg auf sie hinab, aber wußte noch nicht, daß sie zum Erschießen geführt wurden, daß ich keinen von ihnen jemals kennenlernen würde. Bin erst später dahintergekommen, vielleicht so mit vierzehn oder fünfzehn Jahren, um das 1928 etwa. Weiß noch, daß mich dann am meisten interessierte, zu erfahren, wie es einem zumute war, der einen anderen erschießen sollte [...]. In der übrigen Zeit lief meine Kindheit ab wie ein Uhrwerk. Wenn ich an sie denke, ergreift mich wieder das Gefühl der Langeweile, das mich umklammert hielt, als ich zwischen den charakterlosen Fassaden der bürgerlichen Mietshäuser aufwuchs...

Stefan Andres

Es gab eine Zeit, da die beiden Seiten des kleinen Bettes, in dem ich lag, auf und nieder gingen: hoch die rechte, nieder die linke, hoch die linke, nieder die rechte – immerzu. Im Zimmer war es fast dunkel. Aber der Mond kam und blickte um die Ecke. Er sah die Wand vor meinem Bett an. Diese Wand blickte auf mich, mein kleines Bett und das große daneben. Darin lag mein Vater, und hinter ihm, ich sah sie nicht, hörte ich die Mutter atmen. Ich blickte vorsichtig über die linke Seite meiner Wiege. Das Holz war braun und glänzte. Dahinter, darüber – der lange, lange Mann, das war der Vater. Meine Augen wanderten über ihn, von seinem Kopf angefangen bis zu seinen Füßen. Es dauerte eine Weile. Und dabei sah ich: seine Hand, die das Wiegenband hielt, ging langsamer hin und her – und die Wiege auch. Schließlich streckten sich die Finger an der Hand, die Hand legte sich flach auf das Linnen und bewegte sich nicht mehr. Auch die Wiege bewegte sich nicht mehr. Die Wände des Zimmers standen still und guckten mich an. Sie hatten dunkle Gesichter, nur die eine, die der Mond anschaute, war hell. Die Wände hatten alle viereckige Dinge im Gesicht. Die Zimmerdecke lag breit und genau über allem. Ich wußte, sie drohte auf mich herabzufallen. Da sagte ich in die Dunkelheit: «Steff, wieg!» Ich sah, wie die Hand, die flach und ruhig dalag, sich sofort bewegte, zuerst schnell und mit einem Ruck und dann langsamer. Ich wandte mein Gesicht auf den Kissen der Hand zu und ließ sie nicht aus dem Blick.
Wenn sie sich flach hinlegte und das Zimmer stillstand und zugleich mein Bett, sagte ich sofort: «Steff, wieg!» Voll Zufriedenheit bemerkte ich, wie meine Worte immer wieder Wandel schafften, bis die Zimmerdecke schließlich doch herabsank, aber sehr sanft – und alles zudeckte: meine Wiege, die Hand des Vaters und ihn selber und die Wände mit den viereckigen Dingen darauf, auch den Mondkringel auf dem

Glas in der hellen Wand; er hatte mir gerade zugeblinzelt, der Mond.

Dieser Mond rollte an manchen Abenden über den Buchenwald, der den Berg hinter dem Mühlbach ganz bedeckte. Gelb und rund war er und konnte rollen. Er brauchte sich nicht vor dem Dunkel zu fürchten, er war wie eine Stalllaterne voller Licht. Ich liebte ihn sehr und hätte ihn gerne gestreichelt. Er mußte wohl sehr glatt und warm sein, so wie Mutters Brust. Es war auch sicherlich Milch im Mond, wovon konnte er sonst so mild sein und freundlich. Oder es war Mehl darin. In der Mühle des Vaters drehte sich der Zylinder, und hob man den Vorhang, stäubte es weiß herab. So machte es der Mond über dem Buchenwald. Es war Mondmehl, man fand es nicht am andern Tag. Die Bäume hatten es gegessen. Oder war doch Milch im Mond, und die Bäume hatten sie getrunken? In manchen Blumen fand ich solche Milch. Einmal sah ich den Mond bei hellem Tag. Zuerst dachte ich, er ist es nicht, und ich ließ ihn gehen. Es gab so viel am Himmel. Doch von jetzt ab sah ich ihn öfters bei Tag, und schließlich mußte ich es glauben, daß er es war. Es bestand kein Zweifel mehr: er lief von zuhause fort, so wie ich es häufig tat. Als ich bemerkte, daß er des Abends manchmal dünn, manchmal dick hinter dem Wald heraufkam, und als ich von den Erwachsenen durch Fragen herausgebracht hatte, daß es wirklich immer derselbe Mond war, zweifelte ich nicht daran, daß er krank sein mußte. Ich ließ eine Zeitlang von ihm ab, wenn er nicht gerade rund war und sehr leuchtete. Überhaupt nahm ich es ihm ein wenig übel, daß er nie näher kam. Eines Tages aber bekamen wir – der Mond und ich – einen festen Streit. Es war noch nicht Abend. Er war schön rund und lächelte mir zu. Ich zeigte zum Berg hin und rief, daß ich ihn dort oben treffen möchte. Eigentlich durfte ich nicht allein und vor allem nicht des Abends den Buchenhang hinaufsteigen. Aber der Mond war zu schön, und ich wollte ihn haben oder doch anrühren. Er schien auch meine Bitte verstanden zu haben – er schwebte auf den Buchenhang zu. Ich lief, den Kopf im Nacken, immer den Mond im Blick, am Haus entlang. Und ich sah: der Mond lief mit mir in derselben Richtung durch die Wolken. Plötzlich war er fort, und ich lag im Wasser des Mühlgrabens. Unser Knecht, der gerade dem Maulwurf Fallen stellte und das Plumpsen hörte, zog mich heraus. Ich weinte sehr über den Mond und seine Falschheit. Lange Zeit blickte ich mit einem tiefen Groll zu ihm in die Höhe.

Gottfried Benn

Als ich ein halbes Jahr alt war, zogen meine Eltern nach Sellin in der Neumark; dort wuchs ich auf. Ein Dorf mit 700 Einwohnern in der norddeutschen Ebene, großes Pfarrhaus, großer Garten, drei Stunden östlich der Oder. Das ist auch heute noch meine Heimat, obgleich ich niemanden mehr dort kenne, Kindheitserde, unendlich geliebtes Land. Dort wuchs ich mit den Dorfjungen auf, sprach platt, lief bis zum November barfuß, lernte in der Dorfschule, wurde mit den Arbeiterjungen zusammen eingesegnet, fuhr auf den Erntewagen in die Felder, auf die Wiesen zum Heuen, hütete die Kühe, pflückte auf den Bäumen die Kirschen und Nüsse, klopfte Flöten aus Weidenruten im Frühjahr, nahm Nester aus. [. . .] Unendlich blühte der Flieder, die Akazien, der Faulbeerbaum. Am zweiten Ostermorgen schlugen wir uns mit frischen Reisern wach, Ostaras Wecken, alter heidnischer Brauch; Pfingsten stellten wir Maien vor die Haustür und Kalmus in die Stuben. Dort wuchs ich auf, und wenn es nicht die Arbeiterjungen waren, waren es die Söhne des ostelbischen Adels, mit denen ich umging.

Rudolf G. Binding

Das erste Erlebnis, von dem ich weiß und das ich als eigenes bezeichnen darf, war das Erlebnis einer Richtung. Ich saß als kleines Kind auf dem Arm einer Frau, die mich trug, und weiß, daß, wenn sie mit mir aus der Tür eines Hauses ins Freie trat, sie sich nach rechts wendete, um zu einem großen Springbrunnen zu gelangen. Ich konnte damals sicher weder sprechen noch laufen noch auch sonstwie mich entscheidend verständlich machen. Denn ich erinnere mich ganz genau meiner stillen Spannung, ob die Frau mit mir auf dem Arm die Wendung nach rechts machen würde oder nach links. Ich wartete auf die Wendung nach rechts und auf das Gefühl, das sie in meinem Körper hervorbrachte; denn ich erkannte sie an diesem Gefühl. Doch nahm ich beides, rechts oder links, schweigend hin. Aber nach rechts, das wußte ich eben, ging es zu dem großen Springbrunnen. Wer die Frau war, die mich trug – wahrscheinlich war es meine Mutter –, wie ich bis zur Türe des Hauses gelangte, aus der sie trat, wo das Haus war oder was es bedeutete, was sonst mit mir vorging, davon habe ich nicht die leiseste Vorstellung oder Erinnerung zurückbehalten. Ich bemerkte mich aber sofort und ganz deutlich jedesmal, wenn jene Frau aus dem Hause ins Freie trat, fühlte die Wendung, die sie machte, und wußte daraus, ob es zum Springbrunnen ging oder ins Ungewisse, Unbestimmte. Der Springbrunnen spielte sicher mit; er zog mich natürlich an, und ich bestaunte ihn. Aber als bleibendes Erlebnis hatte er in mir einen viel geringeren Raum als die Wendung der Frau und das dadurch ausgelöste Gefühl. Das ging mich an; in diesem Vorgang spielte ich selber mit; er erregte mich; ich war in ihn einbezogen, ich erlebte ihn.

Alles, was mir später aus dieser ersten Zeit meines Lebens erzählt wurde – und es war mancherlei –, hatte gar kein Gewicht im Vergleich zu dieser ersten eigenen Erfahrung, die

die erste Sicherheit bot. Meine Mutter erzählte mir etwa, ich habe damals, da sie mit mir zu ihrer Erholung einige Wochen auf einem hohen Berge weilte, jeden Abend die untergehende Sonne auszublasen versucht. Ich muß das Spiel eines Sonnenunterganges also schon haben wahrnehmen können und mich handelnd gegen es gestellt haben. Aber ich habe keine Erinnerung an meine Großtaten. Sie gingen spurlos an mir vorüber wie vieles in dieser Welt, von dem ich daher eingestehen muß, daß ich es nicht erlebt habe.

Wenn meine Mutter – mein Vater tat es nie – mir später als Knaben, da ich schon hätte fragen können, von meinen ersten Regungen und Streichen erzählte, hörte ich ihr zwar zu, aber ich war traurig, sehnsüchtig und enttäuscht davon berührt, daß sie niemals von dem großen Springbrunnen sprach, den ich bestaunte, und wie man zu ihm gelangte. Sie hatte wohl recht, ihn zu vergessen; denn es bestätigte sich zwar – wie sich später herausstellte –, daß man sich rechts wenden mußte, um zu dem Springbrunnen zu gelangen; dieser aber war eben ein ganz gewöhnlicher Springbrunnen, und nur für mich war er groß. Ich aber wartete viele Jahre auf die Erwähnung meines ersten Erlebnisses durch meine Mutter wie auf eine Bestätigung meines Lebens. Dann merkte ich, daß es nicht Absicht war, daß vielmehr meiner Mutter mein Erlebnis, obgleich sie es wahrscheinlich täglich eigentlich selbst herbei- und geradezu für mich ausführte, gar nichts bedeutet hatte. Ich hielt es daher nach und nach – wie im Verlauf alle späteren meines Lebens – für unbedeutend und nicht der Rede wert. Ich bewahrte es mit den andern, die ihm folgten, in meinem Innern wie Kindereien und wurde so in bezug auf mich und meine wahren Erlebnisse einer der schweigsamsten Menschen, die man sich vorstellen konnte. Dies gar nicht aus einer Verstocktheit oder Ablehnung, aus Mangel an Zutrauen zu Menschen oder dem Bedürfnis, mich zu verschließen, sondern aus einer frühen Bescheidung und Bescheidenheit. Meine Mutter, so schien es mir, war reizend; viel amüsanter, liebenswürdiger, anhörenswerter als ich –

und alle waren so. Ich mißtraute mir und meinen Erlebnissen, als verdienten sie keine rechte Anteilnahme, als könnten sie für niemanden wichtig sein. Doch empfand ich das nicht als unangenehm oder fühlte mich benachteiligt. Darüber dachte ich gar nicht nach. Es war der Reiz meiner Erlebnisse und ihr Gewicht für mich, daß sie für niemanden wichtig waren.

Heinrich Böll

Meine erste Erinnerung: Hindenburgs heimkehrende Armee, grau, ordentlich, trostlos zog sie mit Pferden und Kanonen an unserem Fenster vorüber; vom Arm meiner Mutter aus blickte ich auf die Straße, wo die endlosen Kolonnen auf die Rheinbrücken zumarschierten; später: die Werkstatt meines Vaters: Holzgeruch, der Geruch von Leim, Schellack und Beize; der Anblick frisch gehobelter Bretter, das Hinterhaus einer Mietskaserne, in der die Werkstatt lag; mehr Menschen als in manchem Dorf leben, lebten dort, sangen, schimpften, hängten ihre Wäsche auf die Recks; noch später: die klangvollen germanischen Namen der Straßen, in denen ich spielte: Teutoburger-, Eburonen-, Veledastraße, und die Erinnerung an Umzüge, wie mein Vater sie liebte, Möbelwagen, biertrinkende Packer, das Kopfschütteln meiner Mutter, die ihren Herd liebte, auf dem sie das Kaffeewasser immer kurz vor dem Siedepunkt zu halten verstand. Nie wohnten wir weit vom Rhein entfernt, spielten auf Flößen, in alten Festungsgräben, in Parks, deren Gärtner streikten; Erinnerung an das erste Geld, das ich in die Hand bekam, es war ein Schein, der eine Ziffer trug, die Rockefellers Konto Ehre gemacht hätte: 1 Billion Mark; ich bekam eine Zuckerstange dafür; mein Vater holte die Lohngelder für seine Gehilfen in einem Leiterwagen von der Bank.

Ulrich Bräker

Gewiß kann ich mich soweit hinab – oder hinauf – wo nicht gar bis auf mein zweites Lebensjahr zurückerinnern. Ganz deutlich besinn ich mich, wie ich auf allen vieren einen steinigten Fußweg hinabkroch und einer alten Base durch Gebärden Äpfel abbettelte. – Ich weiß gewiß, daß ich wenig Schlaf hatte, daß meine Mutter, um hinter den Großeltern einen geheimen Pfenning zu verdienen, des Nachts verstohlnerweise beim Licht gesponnen, daß ich dann nicht in der Kammer allein bleiben wollte und sie darum eine Schürze auf den Boden spreiten mußte, mich nackt darauf setzte und ich mit dem Schatten und ihrer Spindel spielte. Ich weiß, daß sie mich oft durch die Wiese auf dem Arm dem Vater entgegentrug und daß ich dann ein Mordiogeschrei anfing, sobald ich ihn erblickte, weil er mich immer rauh anfuhr, wenn ich nicht zu ihm wollte. Seine Figur und Gebärden, die er dann machte, seh ich jetzt noch wie lebendig vor mir. [...] Sobald ich die ersten Hosen trug, war ich meinem Vater schon lieber. Er nahm mich hie und da mit sich. Im Herbst brannte er im Gandten, eine halbe Stunde von Näbis entfernt, Salpeter. Eines Tages nahm er mich mit sich, und da Wind und Wetter einfiel, behielt er mich zu Nacht bei sich. Die Salpeterhütte war vor dem Tenn und sein Bett im Tenn. Er legte mich darein und sagte liebkosend, er wolle bald auch zu mir liegen. Unterdessen fuhr er fort zu feuern, und ich schlief ein. Nach einem Weilchen erwacht ich wieder und rief ihm – keine Antwort. Ich stund auf, trippelte im Hemdli nach der Hütte und um den Gaden überall herum, rief, schrie! Nirgends kein Vater. Nun glaubt ich gewiß, er wäre heim zu der Mutter gegangen. Ich also hurtig, legte die Höslin an, nahm das Brusttüchlin übern Kopf und rannte in der stockfinstern Regennacht zuerst über die nächstanstoßende lange Wiese. Am End derselben rauschte ein wildangelaufener Bach durch ein Tobel. Den Steg konnt ich nicht finden und wollte darum ohne weiters und gerade hinüber, dem Näbis zu, glitschte aber über eine Riese zum Bach hinab, wo mich das Wasser beinahe ergriffen hätte. Die äußerste Anstrengung meiner jugendlichen Kräfte half mir noch glücklich davon. Ich kroch wieder auf allen vieren durch Stauden und Dörn hinauf der Wiese zu, auf welcher ich überall herumirrte und den Gaden nicht mehr finden konnte – als ich gegen eine Windhelle zwei Kerls, Birn- oder Äpfeldiebe – auf einem Baum ansichtig ward. Diesen ruft ich zu, sie sollten mir doch auf den Weg helfen. Aber da war kein Bescheid; vielleicht daß sie mich für ein Ungeheuer hielten und oben im Gipfel noch ärger zittern mochten als ich armer Bub unten im Kot. – Inzwischen war mein Vater, der während meinem Schlummer nach einem entfernten Haus ging, etwas zu holen, wieder zurückgekehrt. Da er mich vermißte, suchte er in allen Winkeln nach, wo ich mich etwa möchte verkrochen haben, zündete bis in die siedenden Kessel hinein und hörte endlich mein Geschrei, dem er nachging und mich nun bald ausfindig machte.

Oh, wie er mich da herzte und küßte, Freudentränen weinte und Gott dankte und mich, sobald wir zum Gaden zurückkamen, sauber und trocken machte, denn ich war mausnaß, dreckigt bis über die Ohren, und hatte aus Angst noch in die Hosen ...

Morndeß am Morgen führte er mich an der Hand durch die Wiese: Ich sollt ihm auch den Ort zeigen, wo ich heruntergepurzelt. Ich konnt ihn nicht finden. Zuletzt fand er ihn an dem Geschlirpe, das ich beim Hinabrutschen gemacht, schlug die Händ überm Kopf zusammen vor Entsetzen über die Gefahren, worin ich geschwebt, und vor Lob und Preis über die Wunderhand Gottes, die mich allein erretten konnte. «Siehst du», sprach er, «nur noch wenige Schritte, so stürzt der Bach über den Felsen hinab. Hätt dich das Wasser fassen können, so lägst du dort unten tot und zermürset!» Von allem diesem begriff ich damals kein Wort; ich wußte nur von meiner Angst, nichts von Gefahr. Besonders aber schwebten die Kerle auf dem Baum mir viele Jahre vor Augen, sobald mich nur ein Wort an die Geschichte erinnerte. Gott! Wie viele tausend Kinder kämen auf eine elende Art ums Leben, wenn nicht deine schützenden Engel über sie wachten. Und wie gut hat auch der meinige über mich gewacht. Lob und Preis sei dir dafür noch heute von mir gebracht und in alle Ewigkeit!

Martin Buber

Das Haus, in dem meine Großeltern wohnten, hatte einen großen quadratischen Innenhof, umgeben von einem bis ans Dach reichenden Holzaltan, auf dem man in jedem Stockwerk den Bau umschreiten konnte. Hier stand ich einmal, in meinem vierten Lebensjahr, mit einem um mehrere Jahre älteren Mädchen, der Tochter eines Nachbarn, deren Aufsicht mich die Großmutter anvertraut hatte. Wir lehnten beide am Geländer. Ich kann mich nicht erinnern, daß ich zu meiner überlegenen Gefährtin von meiner Mutter gesprochen hatte. Aber ich höre noch, wie das große Mädchen zu mir sagt: «Nein, sie kommt niemals zurück.» Ich weiß, daß ich stumm blieb, aber auch, daß ich an der Wahrheit des gesprochenen Wortes keinen Zweifel hegte. Es blieb in mir haften, es verhaftete sich von Jahr zu Jahr immer mehr meinem Herzen, aber schon nach etwa zehn Jahren hatte ich begonnen, es als etwas zu spüren, was nicht bloß mich, sondern den Menschen anging. Später einmal habe ich mir das Wort «Vergegnung» zurechtgemacht, womit etwa das Verfehlen einer wirklichen Begegnung zwischen Menschen bezeichnet war.

Als ich nach weiteren zwanzig Jahren meine Mutter wiedersah, die aus der Ferne mich, meine Frau und meine Kinder besuchen gekommen war, konnte ich in ihre noch immer zum Erstaunen schönen Augen nicht blicken, ohne irgendwoher das Wort «Vergegnung», als ein zu mir gesprochenes Wort, zu vernehmen. Ich vermute, daß alles, was ich im Lauf meines Lebens von der echten Begegnung erfuhr, in jener Stunde auf dem Altan seinen ersten Ursprung hat.

Hans Carossa

Wir bewohnten hier [in Tölz, Oberbayern] sieben Jahre lang ein kleines einstöckiges Haus, in dessen unteren Räumen die Kranken behandelt wurden; oben lagen die Familienzimmer. Wie es in diesen aussah, wüßte ich nicht mehr zu sagen; dagegen lebt mir das Draußen vor dem Fenster noch klar im Gedächtnis, auch mancher wertlose Gegenstand, dem ich erste Freuden verdankte. Da war ein blaugraues pyramidisches Granitstück, von eingesprengten Glimmerplättchen flimmernd; ich schätzte es mehr als alle gekauften Spielsachen und machte es zur Grundlage meiner kleinen Gebäude. Das Schönste aber war eine große durchsichtig blaue Glasperle, die jemand oben am Fenster aufgehängt hatte, so daß ich sie nach Belieben hin und her pendeln lassen konnte, schnell und kurz, langsam und weit, und immer schien ihre Bewegung mit allem, was ich sonst wünschen und beginnen mochte, geheimnisvoll ineinander zu gehen.

Einmal weckte mich die Mutter nachts und trug mich auf die Straße hinab. Da standen Leute beisammen, murmelten untereinander und betrachteten den Himmel. Eine Hand drehte meinen Kopf in die Richtung, nach welcher alle blickten, und eine Stimme sagte: «Siehst du den Kometen?» Die Erscheinung drängte sich so schimmernd auf, daß ich sie nicht übersehen konnte. Ein langer Bogen von weißem Licht stand mitten in der Nachtschwärze über dem Dorf. Das geduldige Harren und Starren der Menschen, ihr fast ängstliches Flüstern, das einsam-ferne Verweilen des gekrümmten Glanzes, dies alles prägte sich für immer ein, ergriff mich aber später, in der Erinnerung, viel stärker als in jener Nacht. Kaum drei Jahre alt, war ich weder für Furcht noch für Entzücken genug entfaltet; ich saß am Arm der Mutter und spürte durch sie hindurch den sichern Gang der Welt.

Die Kranken mußten manchmal stundenlang auf den Vater

warten, und bei schlechtem Wetter, wenn man mich nicht auf die Straße ließ, unterhielt ich mich mit ihnen. Einem jungen Menschen mit sehr kleinem, ganz weißem Gesicht und großen blauen Augen, der eine Zeit kam, hörte ich besonders gerne zu, obgleich er nur mit heiserer oder flüsternder Stimme zu sprechen vermochte. Er galt im Dorf als ein halb Blöder, hatte aber in der Stadt gedient und erzählte von Dingen, deren bloße Namen mich taumelig machten, vom Glaspalast, vom Siegestor, vom Englischen Garten, zuweilen auch vom König. Über Ludwig den Zweiten wurde damals allenthalben viel geraunt; schon wußte ich durch die Mutter vom Wintergarten, der immer grünend auf dem Dache seines Palastes lag, von Schlössern und Burgen, von rasenden Fahrten durch die Schneenächte der Alpen. Solche Geheimnisse aber waren es nicht, was den dumpfen Sinn des kranken Burschen beschäftigte; etwas ganz anderes riß ihn zur Bewunderung hin. Er hatte den König bei der Münchener Fronleichnamsprozession gesehen, wie er, in weit hinausgehaltener Hand eine riesige brennende Kerze tragend, hinter dem Allerheiligsten dahergeschritten war. Die unmenschliche Ausdauer, die dazu gehörte, um zwei geschlagene Stunden lang den starr gestreckten Arm nicht ein einziges Mal sinken zu lassen, die hatte es ihm angetan, und immer wieder versicherte er, daß kein anderer Mensch zu dergleichen imstande sei, es sollte nur einer die Probe machen. Die andern Kranken lächelten über diese Geschichte; ich aber lief ins Schlafzimmer der Eltern, nahm einen silbernen Leuchter vom Tisch, hielt ihn weit von mir ab und ging mit gemessenen Schritten vor dem Spiegelschrank auf und nieder, neugierig, wie lang ichs aushalten würde, doch ist mir das Ergebnis der Prüfung nicht mehr erinnerlich.

Der arme Mensch, dessen Geplauder mich so ergötzte, litt übrigens, wie der Vater später einmal erklärte, an einem schleichenden Kehlkopfübel; das Organ war außer Wirkung gesetzt, die Atmung geschah durch eine silberne Kanüle, die durch ein Halsband befestigt war und unmittelbar in die

Luftröhre hineinführte. Ich fand diese Vorrichtung überaus hübsch und beneidenswert und hörte mit Staunen die Luft metallisch aus und ein sausen, wobei mir allmählich die Vorstellung erwuchs, als bestünde der Mann inwendig aus purem Silber. Ich ließ ihm keine Ruhe, sondern bat ihn immerzu, doch ja recht lang und stark zu atmen; und mit unbegreiflicher Geduld, obgleich ihm dabei Tränen hervorbrachen, willfuhr der Unglückliche meinem Wunsch, bis endlich der Vater das quälende Spiel entdeckte und mir die unteren Zimmer verbot.

Friedrich Dürrenmatt

. . . der Bahnhof ist in meiner Erinnerung wichtiger als die Milchsiederei mit ihrem Hochkamin, das mehr als der Kirchturm das Wahrzeichen des Dorfes war. Er hatte das Recht, sich Bahnhof zu nennen, weil er ein Eisenbahnknotenpunkt war, und wir vom Dorfe waren stolz darauf: Nur wenige Züge hatten den Mut, nicht anzuhalten, brausten vorbei nach dem fernen Luzern, nach dem näheren Bern, auf einer Bank vor dem Bahnhofgebäude sitzend, sah ich ihnen oft mit einer Mischung von Sehnsucht und Abscheu entgegen, dann dampften sie vorüber und davon. Aber noch weiter zurück gleitet die Erinnerung in die Unterführung, dank deren die Bahngeleise die Burgdorfstraße überbrücken und von der aus man auf einer Treppe geradewegs zum Bahnhof gelangt. Sie stellt sich mir als eine dunkle Höhle dar, in die ich als Dreijähriger geraten war, mitten auf der Straße, von zu Hause ins Dorf entwichen; am Ende der Höhle war Sonnenlicht, aus dem die dunklen Schatten der Autos und Fuhrwerke heranwuchsen, doch ist nicht mehr auszumachen, wohin ich eigentlich wollte, denn durch die Unterführung gelangte man nicht nur zur Milchsiederei und zum Bahnhof, auch die besseren Leute hatten sich am Steilhang des Ballenbühls angesiedelt, so meine Gotte, welche die Gattin des Dorfarztes war, der ich später meine nie befriedigenden Schulzeugnisse zur Einsicht bringen mußte, der Kirchgemeindepräsident und außerdem der Zahnarzt und der Zahntechniker. Die beiden betrieben das Zahnärztliche Institut, das noch heute weite Teile des Landes malträtiert und den Ort berühmt macht. Die beiden besaßen Automobile und waren schon deshalb privilegiert, und des Abends schütteten sie das mit Plombieren, Zahnziehen und Gebißverfertigen gewonnene Geld zusammen, um es mit bloßer Hand zu teilen, ohne noch genauer abzuzählen. Der Zahntechniker war klein und dick, mit Fragen der Volksgesundheit beschäftigt, ließ er ein Volksbrot verfertigen, vor dem einen das kalte Grausen überkam, der Zahnarzt jedoch war ein stattlicher Mann, dazu Welschschweizer, wohl Neuenburger. Er galt als der reichste Mann im ganzen Amtsbezirk; später sollte sich diese Meinung als tragischer Irrtum erweisen. Aber sicher war er der frömmste, redete er doch als Mitglied einer extremen Sekte noch während des Bohrens von Christus, und wurde er doch im Glaubenseifer nur noch von einer hageren Frau unbestimmten Alters erreicht, die sich stets schwarz kleidete, zu der freilich die Engel nach ihrer Behauptung niederstiegen, die noch während des Melkens die Bibel las und zu der ich nachts vom Pfarrhaus über die Ebene die Hausierer und Vaganten zum Übernachten bringen mußte, denn meine Eltern waren gastliche Pfarrsleute und wiesen niemanden ab und ließen mitessen, wer mitessen wollte, so die Kinder eines Zirkusunternehmens, welches das Dorf jährlich besuchte, und einmal fand sich auch ein Neger ein. Er war tiefschwarz, saß am Familientisch links neben meinem Vater und aß Reis mit Tomatensoße. Er war bekehrt, aber dennoch fürchtete ich mich.

Marie von Ebner-Eschenbach

Ich wußte sehr gut, was Furcht sei, denn in der Furcht vor dem Papa waren meine Schwester und ich aufgewachsen. Man hatte es uns in der Kinderstube eingeflößt durch eine Drohung, die sich nie erfüllte, stets aber wirksam blieb: «Wartet nur, ich sag's dem Papa, und dann werdet ihr sehen!»
Was wir sehen würden, blieb in ein Dunkel gehüllt, das unsere Phantasie mit Schrecknissen bevölkerte. Kein Wunder. Den Zorn unseres Vaters zu erfahren wäre entsetzlich gewesen. Nicht nur kleinen, auch erwachsenen Leuten leuchtete das ein. So liebenswürdig Papa in guten Stunden sein konnte, so furchtbar in seinem unbegreiflich leicht gereizten Zorn. Da wurden seine blauen Augen starr und hatten den harten Glanz des Stahls, seine kraftvolle Stimme erhob sich dräuend – und vor diesen Augen, dieser Stimme hätten wir in den Boden versinken mögen, wenn wir uns auch nicht der geringsten Schuld bewußt waren.
Zum Schaden unseres Verhältnisses zu ihm ließ sich Papa in gereizter Stimmung manchmal zu dem unglückseligen Ausspruch hinreißen: «Nicht geliebt will ich sein, sondern gefürchtet!» Wie sehr er sich damit täuschte, lernten wir später einsehen; als Kinder nahmen wir die Sache als ausgemacht an und taten ihm den Willen, weit über seine eigene Erwartung. Wir zwei Schwestern zitterten und bebten vor ihm; die Brüder waren in seiner Nähe viel unbefangener, obwohl Pepi mit ihrer Drohung, sie der Strenge Papas zu überliefern, gegen sie besonders freigebig war.
Ich erinnere mich eines Tages, an dem meine Schwester das Mißgeschick erfuhr, beim Spielen mit dem Balle eine Fensterscheibe einzuschlagen. Nun war uns die peinlichste Sorgfalt für alles Zerbrechliche, das uns umgab, zum Gesetz gemacht worden, und die arme Kleine, die sich so schwer daran vergangen hatte, geriet in sinnlose Verzweiflung.

«Der Papa! Der Papa!» rief sie in Todesangst, kniete auf den Boden nieder, rang die Händchen, faltete sie und schluchzte herzzerreißend.

Wir umstanden sie betroffen und ratlos. Großmama, die neben uns wohnte, war auf Fritzis Geschrei herbeigeeilt, und sie und Pepinka sprachen der Armen Trost zu und bemühten sich, sie zu beruhigen. Ganz umsonst. Sie war schon blau im Gesichte, stoßweise rang sich der Atem aus ihrer Brust, in Bächen rannen die Tränen über ihre Wangen.

Großmama, sehr besorgt, tauschte leise einige Worte mit Pepi. Dann, nach einem neuen, vergeblichen Versuch, ihre kummervolle Enkelin zu beschwichtigen, verließ sie das Zimmer. Bald darauf betrat sie es wieder, und wer kam hinter ihr hergeschritten? Der unbewußte Urheber all dieses Leids und Schreckens – der Papa.

Lautlose Stille empfing ihn. Fritzi verstummte. Keines von uns regte sich. Der Blick des Vaters glitt über die Gruppe seiner bestürzten, angsterfüllten Kinder und blieb auf der kleinen Knienden haften. Sie war wie versteinert. Ihre prachtvollen braunen Augen starrten weitgeöffnet zum Vater empor; nur die Lippen des schmerzverzogenen Mundes zuckten. Und jetzt ließ sich eine überaus sanfte Stimme schmeichelnd, ja bittend vernehmen: «Fritzi, meine Fritzi, weine nicht! Meine Fritzi soll nicht weinen, meine Fritzi ist ja brav. Ich hab ja meine Fritzi lieb!» Und auf einmal sahen wir unsere Älteste hoch über uns erhoben in den Armen Papas und hörten sie wieder schluchzen, aber bei weitem nicht mehr so heftig wie früher.

Der Papa lachte: «Dummheit! Dummheit! Die Fritzi hat ein Fenster zerschlagen; das macht nichts. Der Papa ist ja gar nicht bös – der Papa... Schau her, Fritzi, schau, was der Papa tut!»

Er ließ sich ihren Ball reichen und schleuderte ihn durch das nächste Doppelfenster, dessen beide Scheiben er, wie aus der Pistole geschossen, durchflog. Eine Sekunde schweigender Überraschung, und dann lag an die Schulter des Papas geschmiegt Fritzis selig lächelndes Gesichtchen. Sie weinte noch, aber Tränen heller Freude und Dankbarkeit. Und Papa tanzte mit seinem Töchterchen in den Armen im Zimmer herum, und wir jauchzten und jubelten ihm zu.

Ich indessen, gelehrig wie ich nun einmal war, machte mir eine Nutzanwendung aus dieser Begebenheit.

Unser Frühstück bestand aus Milch und aus Königskerzentee, von uns Himmelbrandtee genannt. Die Blüten, aus denen er bereitet wurde, sammelten wir auf unsern Spaziergängen selbst und fanden das Getränk köstlich. Leider wurde uns der Genuß dieser Delikatesse sehr vergällt durch den Anblick der Kannen, in denen man sie auftrug. Sie gehörten zu den Überbleibseln eines Vieux-Saxe-Käferservices, das heute ein Vermögen wert wäre. Damals hatte der Fluch des Veralteten sie getroffen. Auf der «herrschaftlichen Tafel» prangte modernes englisches Steingutgeschirr; die Tische der Dienerschaft und der Kinder besetzte man mit beschädigtem Vieux-Saxe. Ich fand das unwürdig, ich fand, daß auch wir etwas Modernes haben sollten, ich feindete besonders unsere Teekanne an mit ihrem defekten Schnabel und ihren grauslichen fliegenden Käfern. Der Moment schien mir, nach der Erfahrung, die wir gestern gemacht hatten, äußerst günstig, um ihr den Untergang zu bereiten.

So wartete ich nur, bis unsere Tassen alle gefüllt waren; dann holte ich aus... Ein Schlag – die alte Kanne wankte, stürzte, und die Käfer taten ihren letzten Flug – auf den Boden.

Nun aber gestalteten sich die Folgen ganz anders, als ich es mir ausgedacht hatte. Meine Erwartung, daß Papa geholt werden und daß er sofort auch die Milchkanne zerschlagen würde, erlitt eine bittere Enttäuschung. Es kam unserer Pepinka dieses Mal nicht in den Sinn, eine höhere Instanz anzurufen. Sie wählte zur Bestrafung meines Angriffs auf die Sicherheit des Porzellans – das standrechtliche Verfahren.

Robert Faesi

Die tieferen Wurzeln meiner Existenz reichen wie sinnlich so geistig gleichfalls in jene einheitliche patrizisch-patriarchalische Schicht zurück, deren Gesinnung und Gefühlswert weit suggestiver wirkte, als das, was die liberal-demokratische Gegenwart als neuere Schicht darüber gelegt hatte. Schon den meisten Sprößlingen meiner Generation überdeckte sie das alte Zürich wohl fast lückenlos. Was aber Überlieferung für einen Zeitgenossen der Zivilisationszeit, sofern er geistig und künstlerisch veranlagt ist, bedeuten kann – kann, nicht muß! – dürfte in seinem Wert um so mehr anerkannt werden, je seltener die Konstellation hinfort noch eintritt.

Ein Kindheitstag wie jeder andere

Es sind die vertrauten Geräusche, die ich beim Erwachen wahrnehme, und durchs Holzgitter meines Kinderbettes werde ich Zeuge der abgemessenen Bewegungen, mit denen mein Papa seine umständlichen Waschungen vollzieht und sich das Kinn mit dem leicht zitternden, vorsichtig aufgesetzten Messer schabt, das blonde, schon angegraute Haupthaar, den breiten Schnurrbart und die Favoris bürstet. Wieviel sind 3 mal 5, wieviel 9 weniger 4, will er wissen und lobt meine frühe Rechenkunst, die mir später unvermerkt abhanden kommen sollte. Mama hat inzwischen vor dem ovalen Toilettenspiegel ihr schweres, schwarzes Haar aufgebunden und mir den Matrosenanzug bereitgelegt; ich schlüpfe hinein und komme auch schließlich mit den Knopfstiefeln zurecht.

Um die Zeit auszufüllen, reiche ich dem Vater wieder einmal, obwohl ich die Gegenstände, Reihenfolge und Ort ihrer Unterkunft längst kenne, vom marmorierten Nachttisch seine Siebensachen. Als ob es nur sieben wären! – Schon der Schlüssel jeder Größe und Bartform sind deren mehr, der

Messer mit mehreren Klingen, Zapfenziehern und Feilen wenigstens drei. Brille und Pince-nez in schwerfälligen Futteralen. Eine Ersatzuhr neben der goldenen, deren schwere Kette mit einer reichen Anzahl von Anhängern durch das unterste Knopfloch der Weste geführt wird. Nicht zu vergessen Taschentücher, Notizbücher, Schreibstifte und das Stecknadelkissen mit der schon abgewetzten Stickerei, das in der hinteren Tasche des dunkelgrauen Bratenrockes zu verschwinden hat. Wozu in aller Welt? fragte ich mich schon damals. Mit der Regelmäßigkeit einer Uhr wiederholt sich in seinem Tageslauf auch alles Weitere. Das Frühstück zieht sich durch die täglichen Eintragungen seiner ungelenken, etwas verkrampften schrägen Schriftzüge in schwarze Wachstuchhefte und die Lektüre des Morgenblattes von A bis Z in die Länge, so daß der Aufbruch ins Geschäft erst um 9 Uhr erfolgt.

Ich begleite Mama auf den Markt, angetan mit einer geflochtenen Hutte auf dem Rücken, um die Gemüse und Früchte zu verstauen. Man wandert über das Brücklein des Schanzengrabens, auf dem mich unlängst ein untätig herumstehender Polizist durch einen Anruf erschreckt hat, den ich zuerst überhaupt nicht verstand. Wer mir meine Waden gestohlen habe? wollte er wissen.

Der Markt vollzog sich damals nicht nur auf der breiten Gemüsebrücke, sondern entlang der Bahnhofstraße, dem ehemaligen Fröschengraben, wo die schlichten Giebel der weißgetünchten Patrizierhäuser jährlich mehr den großstädtisch anspruchsvollen Geschäftsbauten und Läden zu weichen begannen.

Zuhause war das quadratische Wohnzimmer mit dem hellgestrichenen Holzwerk mein Reich. Wäre es nur nicht so mühsam, aus dem untersten Gestell des Schrankes die schweren Spielzeugschachteln herauszugraben! Was heute? Mit dem alten Stall und der gelben, reichverzierten und innen rotgestrichenen Kutsche samt Zubehör ist nicht mehr viel Neues anzufangen. Sie sind ausrangiert. Aber die alten Sachen waren doch eigentlich die schönsten.

Heute kommt wieder einmal das Lieblingsspielzeug an die Reihe, die zwei schweren Baukästen, in denen ich schon jedes Holz genau kenne, vor allem die leicht angeräucherten oder beschädigten. Ein Turm entsteht, und es gerät schon besser als das letztemal, die Bauhölzer im rechten Winkel zueinander paarweise aufzuschichten, die längsten zuunterst, immer kürzere oben, so daß sich der Eiffelturm an der Stubendecke fast wie der richtige verjüngt und mit Säulen, Rundbogen und Verzierungen gekrönt wird.

Falle mir nicht vom Stuhl, mahnt Mama, die sich inzwischen links vorn am Nähtischchen hinter ein paar mächtigen Dekkelkörben einquartiert hat. Sie entnimmt ihnen eine Strick- und Näharbeit nach der andern, um mit ihren ruhigen, leisen Händen nachzuprüfen und nachzuhelfen.

Heinrich Federer

Schon oft habe ich mich geschämt, beim Zurück-
dringen ins Dunkel der Kindheit an einem roten Kleidchen
mit schwarzen Tupfen steckenzubleiben. Hinge eine Geißel
oder ein Schaukelpferd oder eine Musikdose am ersten Nagel
meiner Erinnerungen, so ließe sich immer etwas Ermutigendes
daraus erraten. Jedoch ein Mädchenrock, wie ihn damals drei-
jährige Buben noch trugen, dieses bequeme, aber den künf-
tigen Hosenmann so entwürdigende Gewand! «Halt das
Maul, du, ich hab' dich ja noch im Meitlirock gesehen», war
der schlimmste Trumpf, den ein Bub gegen den andern aus-
spielen und ihn damit völlig abtun konnte.
Aber da hilft nichts. Am Anfang meiner bewußten Geschichte flattert unabwendbar dieser kleine rote Rock.
Ich stand am Fenster des mächtigen Doktor-Omlin-Hauses,
gegen den Dorfbach zu, ohne bei weitem das Gesimse zu erreichen, und blickte über die unzählbaren Tupfe im roten
Grunde meines Gewändleins hinunter, während eine alte,
hagere, steckige Jungfer neben mir voll Neugier auf den
Dorfplatz sah, wo sich anscheinend etwas recht Bewegliches
zutrug. Indem ich aus Langeweile an meinem Tuche schüttelte, schienen die Punkte wie schwarze Käfer aufzuleben,
herumzuwimmeln und sich unendlich zu vermehren. Sie
krochen millionenhaft mir zum Halse herauf und rutschten
wieder zu den Füßen hinunter. Ich fühlte ihr Kribbeln und
lachte wie gekitzelt darüber. Sehr gut weiß ich, daß ich die
Arme spannte, um das ganze Gedränge irgendwie zusammenzufassen. Doch es war etwas so Unendliches für mich in dieser kleinen Tüpfchengeschichte wie später im unzählbaren
Geglitzer des Nachthimmels enthalten.
Aber nun dünkte mich, das schwarze Getüpfel mitsamt dem
rosenblütigen Grund fahre sogar über mich hinaus und über-
schwemme die ganze Stube. Ich wußte noch nichts von Zahl
und Maß. Aber ein Instinkt sagte mir, dieses Schwarz und

Rot gehöre doch mir, ich sei also der Mächtigere von uns zweien. Und dennoch entlief es mir ins Grenzenlose und spottete meiner, war also wohl doch stärker. Zum erstenmal empfand ich da trübe, was später das Leben so schneidend klar merken ließ: das ewige Ränkespiel zwischen Mögen und Vermögen, den Wechselbalg von Endlich-Unendlich, an dem man sich fast zu Tode kratzt.

Noch eben vor wenigen Minuten hatte die Jungfer mit mir wegen des Lachens gescholten. Nun ich über mein vermeintliches Beraubt- und Überwältigtwerden laut aufweinte, glaubte die weichmütige Person, ihr Schimpfen hätte mich so arg gekränkt, und hob mich halbwegs aufs Gesimse.

Sogleich vergaß ich den Kummer. Denn da unten lief ein Bach zwischen zwei schmalen Wiesenstreifen die Dorfzeile hinunter. Nebenher zog rechts und links ein Weg von der Kirche und dem Gasthof «Zum Kreuz» herab gegen das Unterdorf und seine breite Poststraße. Noch weiter unten glänzte von den Obstmatten herauf der See, und ringsum näher oder ferner grüßten die Berge, vor allem das doppelköpfige freche Stanserhorn. Ich wußte nicht, was da draußen geschah. Kinder, Heuwagen, Kühe, die gelbe Post und Mägdegeklatsch am Brunnen beim Gasthof Engel mit der Trauerweide, solches möchte durcheinander wechseln. Ich fühlte nur den Strom von Licht und Leben auf mich hereinstürzen und schwelgte darin. Mit den Fingern zeigte ich wohl nach irgendeinem aufdringlichen Gegenstand und schrie: gib gib! Aber ich weinte nicht mehr, weil er, statt wie ich hoffte, zum Fenster hereinzufliegen, zwischen den schwärzlichen Häusern des Unterdorfes verschwand. Er gehörte ja nicht zu den Tupfen meines Kleides. Ich lernte nach und nach mich genugsam freuen, daß solches nahe war und sich genießen ließ, ohne durchaus in meinen Sack zu gelangen. Und wie man auch über Anlernung und Gewohnheit des Eigentums reden mag, mir sind jene ersten kindlichen Erfahrungen, so verworren sie auch noch waren, doch unwidersprechliche Zeugnisse, daß uns das Mein und Dein angeboren ist und nur ihre

Grenze oder Grenzenlosigkeit uns unablässig zu schaffen macht.

Meine Mutter – den Vater erkenne ich erst viel später, denn damals wanderte er, das junge Ehejoch abwerfend, wie ein gesetzloser Geist in der Welt herum – meine kleine, schmale stille Mutter mit dem rabenschwarzen Haar, den mitternächtigen Augen und mit Wangen, die mich beim Küssen so weich wie Pflaumen berührten, indes die Stirne durch ihre Steinhärte erschreckte, meine Mutter war mit dem Vater von Brienz über den Brünig nach Sachseln gekommen und hatte, bis die Wohnung im neugebauten, aber noch nicht ausgetrockneten Schulhaus bezogen werden konnte, im obern Stock des Omlin-Hauses Unterkunft mit meiner Schwester, mir und einer alten Hilfsperson gefunden. Es ist noch heute weitaus das schönste und charaktervollste Wohngebäude des Dorfes, in einem großzügigen ländlichen Aristokratensinn errichtet, mit einem gewaltigen Hausflur, mit breiten, schön geländerten Stiegen und einer Rundflucht von weiten, hohen Zimmern, dazu mit alten Bildern, die beim Krachen der Dielen mitzitterten, mit geschnitzten und geschweiften Türen, von denen eine beim Wind schaurig ächzte, endlich mit tiefen Kellergewölben, wo es von Obst und Most oft gar herbstsüß roch. [. . .]

Erst später, durch Kameradschaft mit einem Sohn des Hauses, dem lieben Adolf, ward ich in die Mysterien des Baues gründlich eingeweiht. Jetzt, in den aufdämmernden Sinnen des vierten Lebensjahres, spürte ich nichts davon, ja hatte sogar den Genuß seiner hohen und weitschauenden Fenster nur selten. Niemand hob mich herauf, und auch, wenn ich auf den Stuhl kletterte, verwehrten mir die Geranien- und Fuchsienstöcke, die ich seitdem an den Stubenfenstern so sehr hasse, den Guck ins liebe Dorf hinaus.

Ich mußte mich mit der Stube in Armhöhe begnügen. Und wie ich im Freien nicht viel Einzelnes sah, sondern zumeist eine unmäßige, unerfaßliche, berauschende Gesamtheit, so konnte ich auch im engern Winkel des Hauses mich nicht leicht an bestimmte scharfe Besonderheiten festhaken. Mein von Schwärmerei trunkenes Auge stellte sich lieber aufs Vielerlei ein, und dessen überlegte Sonderung hätte ihm weh getan.

Aus dem Tapetenmuster machte ich mir ein Urwaldsgewirr von erstickender Not. Aus den braunen und weißen Holzplättchen des Bodens formte sich eine nie durchzumarschierende Weltbahn. Vorhang, Lampe und unsere die Stunden aborgelnde Uhr, alles wurde von mir vernebelt und phantastisch verzerrt, so daß die Vorhänge wie Gewölke, die Öllampe wie Feuersbrunst und das Musizieren der Uhr wie ein Geläute von Sturmglocken wirkte. Eine Fliege ward zum großen Vogel. Dazu fing mit dem vierten Jahr mein Asthma an und zwang mich die halbe Zeit zum Alleinsein, Stillesitzen, Nichtreden, In-mich-Versinken und daher auch in ungemessenes, der Wirklichkeit fernes Phantasieren. Das ging nach und nach so weit, daß ich mir durch fieberhaftes Sinnen das Asthma oft viel ärger machte, ja, es sogar durch schwelgerisches Brüten geradezu hervorlockte. Asthma und Phantasterei wurden innige Geschwister, eins rief dem andern; aber ich muß zugeben, daß die schönsten, eigensten Einfälle mir immer in diesen kranken Stunden zuflogen.

Theodor Fontane

Über dieses fünfvierteljährige glückliche Interim habe ich zunächst zu berichten. Wir verlebten diese Zwischenzeit in einer in Nähe des Rheinsberger Tores gelegenen Mietswohnung, einer geräumigen, aus einer ganzen Flucht von Zimmern bestehenden Beletage. Beide Eltern waren denn auch, was häusliche Bequemlichkeit angeht, mit dem Tausche leidlich zufrieden, ebenso die Geschwister, die für ihre Spiele Platz die Hülle und Fülle hatten. Nur ich konnte mich nicht zufrieden fühlen und habe das Mietshaus bis diesen Tag in schlechter Erinnerung. Es war nämlich ein Schlächterhaus, was nie mein Geschmack war. Durch den langen, dunklen Hof hin zog sich eine Rinne, drin immer Blut stand, während am Ende des einen Seitenflügels, an einer schräg gestellten breiten Leiter, ein in der Nacht vorher geschlachtetes Rind hing. Glücklicherweise war ich nie Zeuge der entsprechenden Vorgänge, mit Ausnahme der Schweineschlachtung. Da ließ sich's mitunter nicht vermeiden. Ein Tag ist mir noch deutlich im Gedächtnis. Ich stand auf dem Hausflur und sah durch die offenstehende Hintertür auf den Hof hinaus, wo gerade verschiedene Personen quer ausgestreckt über dem schreienden Tier lagen. Ich war vor Entsetzen wie gebannt, und als die Lähmung endlich gewichen war, machte ich, daß ich fortkam, und lief die Straße hinunter durchs Tor auf den «Weinberg» zu, ein bevorzugtes Vergnügungslokal der Ruppiner. Ehe ich aber daselbst ankam, nahm ich, um zu verschnaufen, eine Rast auf einem niedrigen Erdhügel. Den ganzen Vormittag war ich fort. Bei Tische hieß es dann: «Um Himmels willen, Junge, wo warst du denn so lange?» Ich erzählte nun ehrlich, daß ich vor dem Anblick unten auf dem Hofe die Flucht ergriffen und auf halbem Wege nach dem Weinberge hin auf einem Erdhügel gerastet und meinen Rücken an einen zerbröckelten Pfeiler gelehnt hätte. «Da hast du ja ganz gemütlich auf dem Galgenberge gesessen», lachte mein Vater. Mir aber war, als lege sich mir schon der Strick um den Hals, und ich bat von Tische aufstehen zu dürfen.

Gerd Gaiser

Die Erinnerung täuscht mich nicht: zu meinen frühesten Selbstentdeckungen gehörte die, daß ich ein Heidenkind sei. Natürlich konnte ich das nicht aussprechen, hätte es auch nicht verraten wollen.

Jeden Erwachsenen ging zu jener Zeit auf dem Lande jedes Kind etwas an, ob in Fürsorge oder in Zurechtweisung. Davon war ein Pfarrerskind einerseits ausgenommen, andererseits empfindlicher betroffen. Man sah ihm besonders genau zu. Natürlich wäre mir lieber gewesen, ich hätte wie andere Kinder «Ätsch» sagen und Reißaus nehmen können oder den Kopf einziehen und zurückmaulen, wenn ein Alter maulte. Ich tat es auch. Aber eigentlich wäre mir zugekommen, wo nicht ein Vorbild zu sein, so doch kein Ärgernis zu geben. So ungefähr umschrieb es mir mein Vater zu einer Zeit, als ich Worten folgen konnte. Das war eine Last; sicher nicht angenehmer als die Berufung, auf Ärgernis hin zu leben, was mir nicht ganz fern gelegen hätte. Ich fürchtete meinen Vater nicht, doch je genauer ich spürte, daß er gänzlich unfähig war, mich zu drücken, desto weniger hätte ich ihm seinen Dienst verderben mögen. Als Kind, scheint mir, fehlt es einem nicht an Sinn für Spielregeln. Wohl fragte ich mich dazwischen, was eigentlich der Beruf meines Vaters zu tun habe mit mir, dem der Heiland eine ganz unzugängliche Figur blieb, aber ich sah auch ein, daß in der gegebenen Welt eine Trennung nicht akzeptiert wurde. Schwierig stand es mit der Forderung, Ehrfurcht zu haben vor dem, was anderen unverletzlich, ja geheiligt war. Das hörte sich nicht übel an, wenn es von den Eltern ausgesprochen wurde; dennoch flüsterte mir die kindliche Schläue zu, daß sich damit allerhand machen ließ. So lebte ich auf zwei Geleisen. Selbst aus der Schrift erfuhr ich, daß Ärgernis notwendig kommen müsse – freilich mit dem seltsamen Zusatz des Wehe auf den, durch den Ärgernis kommt.

Die Existenz meines Vaters vermittelte mir einen furchtbaren Begriff von Glauben. Dies um so mehr, als er im Grunde eine schüchterne Natur war, kein Eiferer und schon gar kein Draufgänger, sondern, solange ich ihn vor mir sehe, ein Leidender.

Curt Goetz

An den Großvater Goetz hatte Peterhans keine persönlichen Erinnerungen. Er kannte ihn nur aus den Erzählungen von Tante Idchen. Der Unglückliche war eines Nachts, während eines Rittes zu einem Patienten, im Nachtigallenwäldchen zwischen Basel und Binningen von «fahrendem Volk» – wie es in der Chronik heißt – ermordet worden. Es sei zwar nur aus Versehen gewesen, wie Tante Idchen nie vergaß hinzuzufügen, wenn sie den Kindern die Geschichte erzählte; man hatte es auf einen reichen Kaufmann abgesehen; aber das kann für den Großvater nur ein schwacher Trost gewesen sein, vorausgesetzt, daß man überhaupt für nötig befunden hatte, sich zu entschuldigen, als man kein Geld bei ihm fand.

Um so lebhafter war die Erinnerung an den Großvater Rocco. Stundenlang durfte man auf seinen Schultern reiten, indem man die Backenbärte als Zügel benutzte. Auch als Trambahn eignete sich Großvater vorzüglich. Man saß hinter ihm auf der Stuhllehne. Der linke Backenbart figurierte als Stromhebel, der rechte als Handbremse. In Augenblicken der Gefahr, wenn plötzliches Bremsen erforderlich war, konnte das sehr schmerzhaft für den alten Herrn werden und ihn auch erheblich im Lesen stören.

«Was war denn wieder?» fragte er dann wohl. «Ein Junge wäre mir beinah in die Räder gelaufen!»

«Diese Bengels!»

Das Blut dieses Theatergroßvaters, den Peterhans zärtlich liebte und den jeder lieben mußte, der ihn sah – als Schauspieler wurde er so verehrt, daß ihm die Leute, als er krank war, Stroh vor sein Haus fuhren, damit ihn der Straßenlärm nicht störe, und als Schriftsteller haben ihn seine Bücher in Bremer Mundart lange überlebt – das Blut dieses Großvaters also hatte den Sieg davongetragen, obgleich es kein leichter Sieg gewesen war, denn die Kliniksatmosphäre, in der Peterhans aufgewachsen war, hatte die vom anderen Großvater ererbte Neigung zur Medizin gewaltig unterstützt.

Das war doch so gewesen: Als Peterhans im Alter von zwei Jahren seinen Vater verlor, war Mutter mit ihm und seinem um vier Jahre älteren Bruder Hans nach Halle übergesiedelt, wo sie eine Privatklinik eröffnete, die sie mit Liebe und Umsicht bald zu einer kleinen Berühmtheit machte. Professor von Bramann, der große Chirurge, und Geheimrat Schwartze, der bedeutende Ohrenspezialist, vertrauten ihre Patienten ihrer Obhut an. Und sie waren in guter Obhut! Mutter besaß die Gabe, sich in die Lage der Leidenden versetzen zu können und Wünsche zu erraten, ehe sie geäußert wurden. Aus den zwei Etagen, mit denen Mutter angefangen hatte, waren bald zwei Häuser geworden. Ihr unbesiegbarer Optimismus wirkte ansteckend auf die Patienten. Man war gerne krank bei ihr. Peterhans, der ihren Frohsinn geerbt hatte, wurde zu besonders trübsinnigen Patienten geschickt, und es war sein Ehrgeiz, diese Patienten nicht zu verlassen, ehe sie nicht gelacht hatten.

Franz Grillparzer

Ich war der älteste von drei Brüdern, zu denen erst spät, als ich schon ziemlich erwachsen war, ein vierter hinzukam. Man hielt mich für den Liebling meines Vaters, obwohl er mir nie ein Zeichen davon gab. Im Gegenteile unterhielt er sich am liebsten mit dem dritten, der ihn, von Geschäften ermüdet, durch unschädliche Wunderlichkeiten in seinem Entwicklungsgang erheiterte. Der zweite war ihm durch sein trotziges und störrisches Wesen beinahe zuwider. Überhaupt kann man sich verschiedenere Charaktere als diese drei Brüder nicht denken. Von dem zweiten ist schon die Rede gewesen. Der dritte war ein bildschöner Knabe und dadurch von den Weibern verhätschelt. Da nun zugleich meine Mutter, wenn der Lärm zu arg wurde, kein Mittel wußte, als die Schuldigen zu sich zu rufen und, in Form von Strafe, zu verhalten, an einem Strumpfband zu stricken, so hatte der jüngste die Sache ernsthaft genommen und strickte und stickte wie ein Mädchen. Er hatte sich drei Ecken des Zimmers mit gedachten und auch benannten Frauen bevölkert, denen er wechselweise Besuche abstattete. Mein Vater, abends im Zimmer auf und nieder gehend, versuchte ihm auch für die vierte Ecke eine vierte Frau aufzudrängen, die aber, da der vorgeschlagene Name den Spott gar zu deutlich an sich trug, der Knabe durchaus nicht akzeptierte.

Durch diese Grundverschiedenheit von meinen Brüdern entferntgehalten, und da unser Vater zugleich sich von jeder Bekanntschaft abschloß, wuchs ich in völliger Vereinzelung heran. Um das Formlose und Trübe meiner ersten Jahre begreiflich zu machen, muß ich sogar unsere Wohnung beschreiben.

Mein Vater, der mit der Absicht zu heiraten umging, suchte Quartier. Einmal abends bei einem Gaste, kann er nicht fertig werden, die Wohnung des Wirtes zu loben. Zwei ungeheure, saalähnliche Zimmer; den Zugang bildete ein minder großes, ganz geeignet für die Kanzlei des Advokaten, nach rückwärts noch einige Gemächer als Schlafzimmer und sonstigen Bedarf. Seinen ausgesprochenen Wünschen kommt der Inhaber der Wohnung mit der Äußerung entgegen, wie es leicht sei, sich den Besitz alles dessen zu verschaffen. Er selbst habe die Wohnung aufgekündigt, und unter den Geladenen befinde sich der Hausherr, mit dem er sogleich sprechen könne. Gesagt, getan. Die Männer geben sich den Handschlag, und mein Vater hat, was er wünscht. Er hatte bemerkt, daß die Fenster der Wohnung nach zwei Seiten gehen. Was war also natürlicher, als daß die eine Hälfte die Aussicht auf die Straße, den «Bauernmarkt», hat und die andere in den ziemlich geräumigen Hof des Hauses. Bei späterer Besichtigung aber fand sich, daß es mit der Aussicht in den Hof allerdings seine Richtigkeit hatte, die zweite Hälfte aber in ein enges, schmutziges Sackgäßchen ging, von dessen Existenz viele Menschen in Wien gar keine Kenntnis haben.

In diesem Hause wurde ich geboren und verlebte meine ersten Knabenjahre. Finster und trüb waren die riesigen Gemächer. Nur in den längsten Sommertagen fielen um die Mittagszeit einzelne Sonnenstrahlen in das Arbeitszimmer unseres Vaters, und wir Kinder standen und freuten uns an den einzelnen Lichtstreifen am Fußboden.

Ja auch die Einteilung der Wohnung hatte etwas Mirakulöses. Nach der Art der uralten Häuser war es mit der größten Raumverschwendung gebaut. Das Zimmer der Kinder, das so ungeheuer war, daß vier darin stehende Betten und einige Schränke kaum den Raum zu verengen schienen, empfing sein Licht nur durch eine Reihe von Glasfenstern und eine Glastüre von einem kleinen Hofe auf gleicher Ebene mit dem Zimmer, also wie das Zimmer selbst im ersten Stockwerke. Dieser Hof war uns streng versperrt, wahrscheinlich infolge einer Konvention mit dem grämlichen Hausherrn, der den Lärm der Kinder scheute. Hierher verlegten wir in Gedanken unsere Luft- und Sommerfreuden.

Nächst der Küche lag das sogenannte Holzgewölbe, so groß, daß allenfalls ein mäßiges Haus darin Platz gehabt hätte. Man konnte es nur mit Licht betreten, dessen Strahl übrigens bei weitem nicht die Wände erreichte. Da lag Holz aufgeschichtet. Von da gingen hölzerne Treppen in einen höhern Raum, der Einrichtungsstücke und derlei Entbehrliches verwahrte. Nichts hinderte uns, diese schauerlichen Räume als mit Räubern, Zigeunern oder wohl gar Geistern bevölkert zu denken. Das Schauerliche wurde übrigens durch eine wirkliche, lebende Bevölkerung vermehrt, durch Ratten nämlich, die in Unzahl sich da herumtrieben und von denen einzelne sogar den Weg in die Küche fanden. Ein bei uns lebender Neffe meines Vaters und mein zweiter Bruder begaben sich manchmal, mit Stiefelhölzern bewaffnet, auf die Rattenjagd, ich selbst konnte mich kaum ein paarmal entschließen, das Gewölbe zu betreten und mir Angst und Grauen zu holen.

In den ersten Jahren seit dem Erwachen meines Bewußtseins wurde das Traurige unserer Wohnung dadurch gemildert, daß mein Vater gemeinschaftlich mit seiner Schwiegermutter und einem seiner Schwäger ein großes Haus in Enzersdorf am Gebirge kaufte, das genug Raum bot, um drei Familien ganz abgesondert von einander zu beherbergen. Das Beste daran war ein weitläufiger Garten, in dem mein Vater, wenn er von Samstag abend bis Montag morgen hinauskam, seiner Gärtnerlust nachging. Für uns Kinder wurde der Genuß dieses Gartens durch einen — wie es uns damals vorkam — sehr großen Teich gestört, der sich an einem Ende desselben befand und der, obwohl man ihn mit einer schwachen Barriere eingefaßt hatte, doch eine immerwährende Gefahr des Hineinfallens darbot. Da war denn der Gebote und Verbote kein Ende, und an ein Herumlaufen ohne Aufsicht war gar nicht zu denken. Besonders hatte der der Gartenmauer zugekehrte hintere Rand des Teiches, der nie betreten wurde, für mich etwas höchst Mysteriöses, und ohne etwas Bestimmtes dabei zu denken, verlegte ich unter die breiten Lattichblätter und dichten Gesträuche alle die Schauder und Geheimnisse, mit denen in unserer Stadtwohnung das «Holzgewölbe» bevölkert war. Wir wurden zwar nicht mit Gespenstern bedroht oder geschreckt, demungeachtet, als ich und mein zweiter Bruder einmal in dem gemeinschaftlichen Saale unterm Billard ganz allein spielten, schrien wir beide zu gleicher Zeit auf. Als man herbeilief, erzählten wir, wir hätten einen Geist gesehen. Auf die Frage, wie er ausgesehen, sagte ich: wie eine schwarze Frau mit einem großen Schleier. Mein Bruder aber: wie ein «Hörndler» (Hirschkäfer).

Hans Habe

Züge, Züge, Züge; sie sind die ersten Erinnerungen meiner Kindheit. Es sind Soldatenzüge, und sie fahren nach dem Süden. [...] Mitten im Winter holte mich meine Mutter ab. Wir fuhren nach Wien.

Diese Wochen in Wien – Jahrzehnte vergingen, ehe ich ihre Bedeutung verstand, und vielleicht begreife ich erst heute ganz, was geschehen war.

Mein Vater war in die Nervenheilanstalt des späteren Nobelpreisträgers, Professor Dr. Julius Wagner von Jauregg, damals Militärarzt im Generalsrang, eingeliefert worden.

Nach einem halben Jahr an der Isonzo-Front war mein Vater auf Urlaub nach Budapest gekommen. Er war überzeugt, daß er in der Heimat werde bleiben können, aber schon nach einigen Tagen erhielt er den Abmarschbefehl an die rumänische Front.

Eines Morgens erschien er in der Kaserne mit umgeschnalltem Säbel, klirrenden Sporen, klingenden Dekorationen – und auf dem Kopf einen zivilen Velourshut. Der Posten am Kasernentor, der in seiner Überraschung vergessen hatte, ins Gewehr zu gehen, machte den Leutnant auf die Ungehörigkeit seiner Bekleidung aufmerksam. Mein Vater lüftete den braunen Velourshut, lächelte den Soldaten verständnislos an, setzte den Hut wieder auf und marschierte ruhigen Schrittes durch den Kasernenhof. Hier begegnete er seinem Hauptmann, einem gestrengen österreichischen Berufssoldaten der alten Schule. Auch vor diesem lüftete er den Velourshut. Vor den Regimentskommandeur zitiert, erklärte er, der Velourshut sei ein neues militärisches Bekleidungsstück; den Befehl, ihn zu tragen, habe er vom Kaiser persönlich empfangen. Am gleichen Tag erhielt meine Mutter die Mitteilung, der Leutnant Imre Békessy befinde sich in Kasernenarrest; einige Tage später wurde er nach Wien überführt.

Die Klinik Wagner-Jauregg war das erste Spital, das ich je

sah. Es war kein gewöhnliches Spital. Als wir es betraten, zog mich meine Mutter enger an sich heran: es war, als wollte sie mich vor dem Anblick bewahren, der sich uns bot. Zwischen zwei Wärtern wurde ein schreiender, um sich schlagender Soldat vorbeigeschleppt, und als er mich erblickte, streckte er die Zunge heraus.

Schließlich hieß man uns im Wartezimmer des Professors Platz nehmen. Es war ein hoher, kalter Saal, der an den Wartesaal eines Bahnhofes erinnerte.

Wir mußten über eine Stunde lang warten. Dann forderte uns ein Soldat, der Zeitung lesend an einem Tisch gesessen hatte, auf, das Zimmer des Herrn Generals zu betreten.

In dem dunklen, holzgetäfelten Zimmer war es warm. Im Ofen prasselte ein Feuer; die Kacheln glühten rot.

Der Mann, der uns entgegenkam, trug einen weißen Ärztekittel über der Uniform. Über dem vollen Mund saß ein riesiger Schnauzbart; der Mann wirkte wie das Walroß in den Bilderbüchern. Sein Kragen glänzte von Gold, und unter dem Ärztemantel lugten die blutroten Hosenstreifen der Generale hervor.

Der Professor strich über meine langen, blonden Haare.

«Ein netter Junge», sagte er.

Er bot uns keinen Platz an und blieb selber stehen.

«Frau Békessy», begann er, «Sie wollten mich sprechen. Wahrscheinlich wollen Sie mich überzeugen, daß Ihr Mann nicht verrückt ist.» Er ließ sie nicht zu Wort kommen. «Das ist überflüssig. Ihr Mann ist so gesund wie Sie und ich. Er ist ein Simulant.»

Ich war damals kaum über vier Jahre alt: ich weiß nicht, ob ich das Wort verstand. Aber ich wußte, daß es etwas Schreckliches bedeutete. «Frontmüdigkeit», wie man es heute in Amerika nennt, oder schlechte Nerven, galten nicht als Entschuldigung: Männer, die nicht sterben wollten, waren der Abschaum der Menschheit. Zu diesen Menschen gehörte mein Vater.

«Ich habe Sie empfangen, Frau Békessy», meinte der Pro-

fessor, während er sich leicht an den heißen Ofen lehnte –
wird er sich verbrennen? fragte ich mich –, «weil Ihr Mann
ein interessanter Fall ist. Er hat offenbar wissenschaftliche
Bücher über Geisteskrankheiten gelesen. Einige zuviel,
scheint mir, denn er markiert gleich eine Häufung von drei
oder vier. Intelligente Leute übertreiben, das liegt in ihrer
Natur.»
Meine Mutter kam nicht zu Worte. Er fuhr fort:
«Ich nehme an, daß Sie an diesem ekelhaften Theater unbe-
teiligt sind. Meine Aufgabe ist es, Kranke zu heilen. Für Leute wie Ihr Mann habe ich eine rapide Kur: die russische Front.
Morgen früh wird Ihr Mann abtransportiert. Gleichzeitig
wird er zum Feldwebel degradiert.» Er hielt inne und ging
zu seinem Schreibtisch. «Hier..., mit diesem Schein wird er
jetzt entlassen. Sie haften mir dafür, daß er keine Dumm-
heiten macht. Sagen Sie ihm, daß ich mich für eine milde
Kur entschlossen habe. Für rückfällige Simulanten haben wir
eine andere. Wir stellen sie an die Wand.»
Er reichte das Papier, über den Schreibtisch hinweg, meiner
Mutter. Sein Blick fiel wieder auf mich.
«Er sollte sich um seines Sohnes willen bewähren», sagte er.
«Ein netter Junge...»
Wir stiegen im «Hotel Klomser» in der Herrengasse ab, in
jenem historischen Hotel, in dem sich der homosexuelle Spion
Hauptmann Redel erschossen hatte.
Meine Mutter, die mich in das Spital mitgenommen hatte,
weil niemand da war, der auf mich aufgepaßt hätte, konnte
nicht ahnen, daß in dem Vierjährigen eine Welt zusammen-
brach.
Ich liebte und bewunderte meinen Vater. Wie es oft geschieht, erinnere ich mich an Gefühle deutlicher als an Begebenheiten. Außer der Episode am Boglárer Bahndamm habe ich an ihn aus der Zeit vor dem Besuch in der Irrenanstalt
keine Erinnerung. Aber ich weiß, daß sich mein Leben um
ihn drehte. Meine Mutter erzählte mir, daß er mit mir nie
streng sein mußte, weil er keinen Wunsch aussprechen konn-

te, den ich nicht freudig erfüllt hätte. Als mich meine Großmutter davon überzeugen wollte, auf die alberne Frage:
«Wen hast du lieber – Papi oder Mami?» heuchlerisch zu
antworten: «Beide gleich», brach ich in Tränen aus – ich
wünschte keinen Zweifel zu lassen, daß ich meinen Vater
vorzog.

Nun vollzog sich ein Prozeß, der sich auf mein ganzes künf-
tiges Leben auswirkte. Wir saßen auf den dunkelbraunen
Betten und starrten uns an. Mein Vater konnte oder wollte
nicht auf die Straße gehen. Wie hypnotisiert blickte ich auf
seinen Uniformkragen. Von der roten «Parole» – so hieß die
farbige Stoffunterlage, auf der die Rangabzeichen prangten –
war der goldene Stern verschwunden. Noch trug er seine
Offiziersuniform, aber sie war entlaubt wie ein herbstlicher
Baum. Ich konnte meinen Blick nicht von seinem Kragen
wenden. Merkwürdigerweise spürte ich kein Mitleid. Die
Sympathie mit den Schwachen, Kranken und Bedrängten
ist kein menschlicher Urinstinkt – ich war ein Kind, und ich
konnte den nicht bemitleiden, der für sein Unglück verantwortlich war. Daß mein Vater «simuliert» hatte, sagte mir
nicht viel, aber daß es Mächte gab, die ihn bei etwas Unrech-
tem ertappen und strafend demütigen konnten, das erschütterte mein ganzes Weltbild.

Meine Eltern erklärten mir nichts. Sie nahmen an, der Vierjährige verstünde nicht, was vorgefallen war. An diesem
Abend waren sie nur mit sich beschäftigt. Sie nahmen Abschied: «Frontbewährung» in Rußland war nicht, wie sich
der Professor ausgedrückt hatte, eine «milde Kur», sondern
ein höfliches Todesurteil.

Ich wurde zu Bett gebracht. Nun lösten sich in mir die Ver-
haltenheiten des Tages. In mir tobte die ohnmächtige Wut –
gegen den Mann mit dem Schnauzbart; gegen die Ungerech-
tigkeit der Welt; gegen meinen Vater, der sie widerstandslos
hinnahm. Während draußen der Wind grobe Eiskörner ans
Fenster trieb und sich meine Eltern leise unterhielten, weinte
ich in meine Kissen, und weinend schlief ich ein.

Früh am nächsten Morgen ging mein Vater an die Front. Anderthalb Jahre später kehrte er zurück: als Oberleutnant, zweimal verwundet, reich dekoriert. Er hatte gutgemacht, was gutzumachen war. In mir aber hatte der irrsinnige Trieb Wurzel geschlagen, daß ich berufen sei, gutzumachen, was mein Vater verdorben.

Dreiundzwanzig Jahre später war ich einer der ersten Freiwilligen des Zweiten Weltkrieges.

Gerhart Hauptmann

Anfang und Ende des Lebens, heißt es, sind dem Lebenden selbst in Dunkel gehüllt. Niemand kann sein geistiges Dasein vom Tage seiner Geburt datieren. So bin ich erst am Beginn meines zweiten Lebensjahres zum Bewußtsein erweckt worden und bewahre davon bis heute die Erinnerung.

Ich konnte weder sitzen noch liegen, weil mein Rücken und mein Gesäß, wie man mir später erklärt hat, zerprügelt und zerschunden war. Mein eigener Gedanke und deutlicher Lichtblitz aber war: was soll aus mir werden, wenn ich beim Sitzen und Liegen maßlose Schmerzen habe?

Es ist meine Amme gewesen, die mich so mißhandelt hat. An die Prügelprozedur selbst habe ich jedoch keine Erinnerung. Schmerz also hat meinen Geist erweckt, Leiden mich zum Bewußtsein gebracht.

Ich saß auf dem Arm der Kinderfrau und schrie, durch irgend etwas aufs schwerste beleidigt. Die Brave trug mich durch einen dunklen Korridor, der auf den Hof unsres Anwesens führte. Dort brüllte mich eine Stimme an, die mich stumm machte. Das war meine erste Begegnung mit dem preußischen Unteroffizier und die zweite Phase meines Bewußtwerdens.

Der ganze Hof lag voll Militär.

Eines Tages saß ich, von meinem Kindermädchen gehalten, auf dem Fensterbrett eines offenen Fensters und guckte auf den Vorplatz hinab. Dort wurden beim Toben der Regimentsmusik Remontepferde zugeritten. Sie stiegen kerzengerade in die Luft, sie bockten und keilten hinten aus, besonders die wütend geführten Schläge der Pauker machten sie unsinnig.

Es war, wie ich später erfahren habe, kurz vor der Schlacht bei Königgrätz.

Berührungen zwischen den Sinnen und Objekten, heißt es, veranlaßt die Bewegung im Geiste des Neugeborenen, die ihn nach allen Dingen greifen läßt. Dies geschieht etwa bis zum dritten Lebensjahr.

Mit dem vierten Jahr ist es in mir bereits überraschend hell geworden.

Eines Tages erschienen fremde Soldaten, Österreicher, auf der Dorfstraße. Es waren Gefangene und Verwundete, hatte ich aufgefaßt. Der eine trug ein weißes blutiges Tuch um den Hals. Ich nahm an, ihm sei der Kopf vom Rumpfe geschnitten und werde daran durch das Tuch festgehalten. Ein Gefangener hieß Boaba. Er war Tscheche und sprach nicht Deutsch.

Um jene Zeit hatten sich bereits die Gestalten zweier Knaben, meiner Brüder, in meine Seele eingeprägt. Die verwundeten Feinde in den Lazaretten empfingen von ihnen alle möglichen Wohltaten. Georg, der Ältere, schrieb von früh bis abends Briefe für sie. Von ihm und dem jüngeren Bruder Carl wurde täglich die Speisekammer der Mutter ausgeplündert und der Raub den kranken Soldaten zugesteckt.

Ich teilte mit Bruder Carl ein Schlafzimmer. Er war, was in diesem Alter viel bedeutet, vier und ein halbes Jahr älter als ich. Er hatte damals schon, ohne es zu ahnen, in mir seinen stillen Beobachter. Ich wunderte mich, ich freute mich, ich machte mich lustig über ihn. Heute ein seltsamer Umstand für mich, ein solches Verhalten in frühester Jugend.

Carl war ein großer Enthusiast. Ich war geneigt, das für Schwäche zu halten. Von Zeit zu Zeit wurde, ebenfalls im Jahre 66, der Durchmarsch der Truppen für eine gewisse Nachtstunde angesagt. In solchen Fällen stellte sich Carl einen großen Korb, gefüllt mit Blumen, unter das Bett, um sie aus dem Fenster über die Marschkolonne auszuschütten. Ich erinnere mich, wie er einmal völlig traumbefangen nach dem Korbe griff, als von der Straße der dumpfe Marschtritt zu uns heraufschallte, wie er schlafend, geschlossenen Auges, damit zum Fenster lief, den Korb entleerte und, ohne ganz erwacht zu sein, ins Bett zurücktaumelte. Ich nahm dies nicht erschreckt, sondern kichernd als etwas überaus Komisches auf.

Hermann Hesse

Zu allen Zeiten meines späteren Lebens ist meine Kindheit oft in vielfachen Bildern zu mir getreten, lockig, fremd und unerlöst wie ein blasses Märchenkind. Am meisten suchte mich diese Erinnerung in schlaflosen Nächten heim, mit einem Blumenduft oder einer Liedweise beginnend, bis zu Trauer, Ungemach und Todesbitterkeit, oder zu einer zärtlichen Sehnsucht nach Streichelhänden und einer milden Neigung zu Gebet und Tränen.
Wenn jetzt noch die Kindheit zuweilen an mein Herz rührt, so ist es als ein goldgerahmtes, tieftöniges Bild, an welchem vornehmlich eine Fülle laubiger Kastanien und Erlen, ein unbeschreiblich köstliches Vormittagssonnenlicht und ein Hintergrund herrlicher Berge mir deutlich wird. Alle Stunden meines Lebens, in welchen ein kurzes, weltvergessenes Ruhen mir vergönnt war, alle einsamen Wanderungen, die ich über schöne Gebirge gemacht habe, alle Augenblicke, in welchen ein unvermutetes kleines Glück oder eine begierdelose Liebe mir das Gestern und Morgen entrückte, weiß ich nicht köstlicher zu benennen, als wenn ich sie mit diesem grünen Bilde meines frühesten Lebens vergleiche. So ist es mir auch mit allem, was ich als Erholung und höchsten Genuß mein Leben lang liebte und wünschte, alles Schreiten durch fremde Dörfer, alles Sternezählen, alles Liegen im grünen Schatten, alles Reden mit Bäumen, Wolken und Kindern.
Der früheste Tag meines Lebens, an den ich mich mit einiger Deutlichkeit erinnern kann, mag etwa in den letzten Teil meines dritten Jahres fallen. Meine Eltern hatten mich auf einen Berg mitgenommen, der durch eine weitläufige Ruine von beträchtlicher Höhe täglich viele Städter anlockte. Ein junger Onkel hob mich über die Brüstung einer hohen Mauer und ließ mich in die ansehnliche Tiefe hinuntersehen. Da-

von ergriff mich die Angst des Schwindels, ich war aufgeregt und zitterte am ganzen Leibe, bis ich zu Hause wieder in meinem Bette lag. Von da an trat in schweren Angstträumen, denen ich damals oft zur Beute fiel, häufig diese Tiefe herzbeklemmend vor meine Seele, daß ich im Traum stöhnte und weinend erwachte. Was für ein reiches und geheimnisvolles Leben muß vor jenem Tage liegen, von dem mir keine einzige Stunde bewußt ist! So sehr ich mich plagte, vermochte mein Gedächtnis niemals weiter als bis zu jenem Tage vorzudringen. Wenn ich mich aber streng auf meine früheste Zeit und ihre Stimmungen besinne, habe ich den Eindruck, es müsse nächst dem Sinn für Wohlwollen kein Gefühl so früh und stark in mir wach gewesen sein wie das der Schamhaftigkeit. Ich fand bei Kindern von fünf und mehr Jahren manchmal Äußerungen der Schamfreiheit, von denen ich weiß, daß ich ihrer in meinem dritten oder vierten Jahre unfähig gewesen wäre.

Eine genauere Erinnerung an Erlebnisse und an fortdauernde Zustände kann ich nicht weiter als bis in mein fünftes Jahr zurück verfolgen. Hier finde ich zuerst ein Bild meiner Umgebung, meiner Eltern und unseres Hauses, sowie der Stadt und der Landschaft, in welcher ich aufwuchs. In dieser Zeit hat sich die freie, sonnige Straße mit nur einer Häuserreihe vor der Stadt mir eingeprägt, in der wir wohnten, ferner die auffallenderen Gebäude der Stadt, das Rathaus, das Münster und die Rheinbrücken, und am meisten ein weites Wiesenland, hinter unserem Hause beginnend und für meine Kinderschritte ohne Grenzen. Alle tiefen Gemütserlebnisse, alle Menschen, selbst die Porträts meiner Eltern, scheinen mir nicht so früh deutlich geworden wie diese Wiese mit unzähligen Einzelheiten. Meine Erinnerung an sie scheint mir älter zu sein als diejenige an Menschengesichter und erlittene eigene Schicksale. Mit meiner Schamhaftigkeit, welche schon früh von einem Widerwillen gegen eigenmächtige Berührung meines Leibes durch fremde Hände des Arztes oder der Dienstboten begleitet war, hängt vielleicht meine frühzeitige

Lust am Alleinsein im Freien zusammen. Die vielen stundenlangen Spaziergänge jener Zeit hatten immer die unbetretensten grünen Wildnisse jener großen Wiese zum Ziel. Diese Zeiten der Einsamkeit im Grase sind es auch, die beim Erinnern mich besonders stark mit dem wehen Glücksgefühl erfüllen, das unsere Gänge auf Kindheitswegen meist begleitet. Auch jetzt steigt mir der Grasduft jener Ebene in feinen Wolken zu Haupt, mit der sonderbaren Überzeugung, daß keine andere Zeit und keine andere Wiese solche wunderbaren Zittergräser und Schmetterlinge hervorbringen kann, so satte Wasserpflanzen, so goldene Butterblumen und so reichfarbene köstliche Lichtnelken, Schlüsselblumen, Glockenblumen und Skabiosen. Ich fand nie wieder so herrlich schlanken Wegerich, so gelbbrennenden Mauerpfeffer, so verlockend schillernde Eidechsen und Schmetterlinge, und mein Verstand beharrt nur müde und mit geringem Eifer auf der Erkenntnis, daß nicht die Blumen und Eidechsen sich seither so zum Üblen verwandelt haben, sondern nur mein Gemüt und mein Auge.

Beim Darandenken ist mir zumut, als wäre alles Kostbare, was ich später mit Augen sah und mit Händen besaß, und selber meine Kunst, gering gegen die Herrlichkeiten jener Wiese. Da waren helle Morgen, an denen ich, ins Gras gestreckt, den Kopf auf den Händen, über das von Sonne flimmernde, gekräuselte Meer der Gräser hinwegschaute, in welchem rote Inseln von Mohn, blaue von Glockenblumen und lilafarbene von Schaumkraut lagen. Darüber flatterten und reizten mich die blitzgelben Zitronenfalter, die zarten Bläulinge, die in einem kostbaren, gleichsam antiquarisch seltenen Schimmer aufleuchtenden Schiller- und Distelfalter, die schweren Flügel der Trauermäntel, das Edelwild der Segler und Schwalbenschwänze, der schwarzrote Admiral, der seltene, mit Ehrfurcht genannte Apollo. Dieser, den ich aus Beschreibungen meiner Kameraden schon kannte, flog mich eines Tages an, setzte sich in meiner Nähe an die Erde und regte langsam die wunderbaren, alabasternen Flügel, daß ich ihre feine Zeichnung und Rundung sehen konnte, und die blanken Diamantlinien, und auf den Flügelpaaren beide hellblutrote Augen. Weniges aus dieser fernen Zeit hat sich so stark und frisch in meinem Gedächtnis erhalten wie die atemlose, herzklopfende Wonne, welche mich bei diesem Anblick durchdrang. Aber nach der unberechenbaren und grausamen Art der Kinder beschlich ich bald das edle Tier und warf meinen Hut nach ihm.

Eine Art von rötlichen Fliegen nannte ich «Zitterlinge», eine Gattung brauner «Schnabler», und für den gesamten Pöbel der Weißlinge, Waldteufel und anderer wenig schöner und rarer Schmetterlinge hatte ich den verächtlichen Sammelnamen Tolpatsch. Für die gesammelte tote Beute hatte ich wenig Sorgfalt und habe es nie zu einer sauberen Sammlung gebracht.

Von musikalischen Eindrücken vermag ich in diesen Wiesensommern nichts zu finden, es sei denn meine außerordentliche Empfindlichkeit und Furcht vor den Pfiffen der fern vorüberfahrenden Eisenbahn.

Dennoch muß schon damals die Musik mir nahe getreten sein, denn auch die frühesten, undeutlichsten Dämmerbilder des Münsters, welche in mir sich unscharf spiegelten, scheinen mir unzertrennlich vom Schall der Orgel.

Dieses Münster und die Stadt überhaupt lernte ich später und langsamer kennen als die grüne Natur. Denn während ich mich in dieser halbe Tage lang nach Lust allein umtreiben konnte, war mir von den Eltern nicht erlaubt, allein in die Stadt zu gehen, wovon mich auch die Furcht vor dem ungewohnten Gedräng der Menschen und Wagen abschreckte.

Obwohl die grünen Monate meiner Wiesenzeit mir wie ein schöner, gleichmäßig heller, ununterbrochener Traum im Bewußtsein liegen, steigen doch einzelne Tage von besonderem Glanz mit weichen Umrissen daraus auf. Ich gäbe Schätze dafür, von solchen Tagen mich mehrerer erinnern zu können. So oft ich in Gedanken den Weg meines Lebens zurückgehe, so oft überfällt mich eine milde Trauer um die tausend vergessenen Tage. Es lebt niemand mehr, mir von mir selber zu erzählen, und der größere Teil meiner Kinderjahre liegt unerschlossen in unbegreiflicher, goldener Glückseligkeit wie ein Wunder vor meiner Sehnsucht. Es gehört zu den Unvollkommenheiten und Entbehrungen des menschlichen Lebens, daß unsere Kindheit uns fremd werden muß und in Vergessenheit fällt wie ein Schatz, der spielenden Händen entgleitet und über den Rand eines tiefen Brunnens fällt. Bis in die Knabenzeit kann ich den Faden meines Lebens zurückfinden, weiter zurück aber ragen zerstreut in Duft und Dämmerung nur wenige klare Tage, ihn daran zu knüpfen. Von dem Gedächtnis dieser Tage aus blicke ich oft wie von einem Turm rückwärts in meine ersten Jahre und kann nichts als ein bewegtes Meer von Rätseln und Anfängen sehen, ohne Formen, aber mit einem heiligen Ferneduft, einem Schleier, der über Wunder und Kostbarkeiten gelegt ist.

Unter jenen vereinzelten Silberblicken ist mir ein Spaziergang besonders teuer, da er das früheste Bild meines Vaters enthält. Der saß mit mir auf der von der Sonne durchwärmten Mauerbrüstung des Bergkirchleins Sankt Margarethen, zum erstenmal mir von der Höhe aus die dortige Rheinebene zeigend. Der erste Eindruck dieser anmutig hellgrünen Landschaft vermischt sich in meiner Erinnerung mit dem klaren Bilde, das ich später durch den häufig wiederholten Anblick gewann. Aber dies älteste Bild von meinem Vater unterscheidet sich von allen späteren. Sein schwarzer Bart berührte meine blonde Stirn, und sein großes, helles Auge ruhte freundlich auf mir. Ich glaube wieder sein Gesicht so von der Seite her zu sehen, wenn ich an jene Rast auf der Mauer denke, mit dem schwarzen Bart und Haar, mit der starken edlen Nase und dem festen, roten Mund, mit den dunklen Locken im Rücken, dabei das große Auge nach mir gesenkt, der ganze Kopf fest und würdig auf dem blauen Hintergrunde des Sommerhimmels ruhend.

Demselben Sommer mag ein anderes Bild angehören, das ohne Zusammenhang, aber erstaunlich klar und treu mir eingeprägt ist. Ich sehe die ganze hohe, magere Gestalt meines Vaters aufrecht mit zurückgelegtem Haupt einer untergehenden Sonne entgegengehen, den Filzhut in der Linken tragend. An ihn ist meine Mutter sanft im langsamen Gehen gelehnt, kleiner und kräftiger, mit einem weißen Tuch auf den Schultern. Zwischen den kaum noch getrennten, dunklen Häuptern glüht die blutrote Sonne. Die Umrisse der Gestalten sind fest und goldleuchtend gezogen; zu beiden Seiten steht ein reiches, reifes Kornfeld. An welchem Tag ich so hinter meinen Eltern herwandelte, weiß ich nicht, der Anblick aber ist mir frisch und unverlöschlich geblieben. Ich weiß kein lebendiges oder gemaltes Bild, das mir in Linien und Farben prächtiger erscheint und das mir teurer ist als diese edlen Gestalten auf dem Fußpfad zwischen den Ähren, der roten Glut entgegenwandelnd, schweigsam...

Ricarda Huch

Es ist reizend, wenn die Vergangenheit so wohl erhalten und reich gegliedert aus dem Gedächtnis aufsteigt. Ich kann Hokuspokus sagen, soviel ich will, es taucht nichts auf als ungewisse Bildchen, wie nach einem Traume, und niemand hätte mehr Ursache als ich, mit Walter von der Vogelweide zu fragen: Hat mir mein Leben geträumt, oder ist es wahr?

Eines der ersten dieser zarten Traumbilder, die mir übriggeblieben sind, ist das, wie ich an der Hand meiner um ein paar Jahre älteren Schwester aus der Gartentür trete, um den gefangenen Franzosen, die unter der Aufsicht des sogenannten Wallwerkers Gartenarbeit an der Promenade taten, Schokolade und Zigarren zu bringen. Vielleicht ist der rote Fleck der französischen Hosen mit Ursache, daß das Bildchen nicht mit den anderen verlorenging. [...] Wir, meine Geschwister und ich, brachten den Sommer 1870 in Suderode im Harz zu. Ich war zum ersten Male im Gebirge, und das Leben des Waldes machte einen überwältigenden Eindruck auf mich: die scharlachroten giftigen Fliegenpilze, die dicken, süßen Erdbeeren, die gelbgefleckten Salamander, das Rascheln im Moose, das Stürzen der Bäche, die labyrinthische Unendlichkeit der Wälder, die mir meine Geschwister, um mich zu necken, als den Aufenthalt von Räubern schilderten, das erfüllte mich ganz. Darüber hinaus erinnere ich mich nur an eine Aufführung des Märchens Rosenrot und Schneeweißchen, wobei ich das Lämmchen spielen sollte, was ich als Ehrenkränkung auffaßte und mit Geheul zurückwies. Meine Geschwister nahmen an der Kriegserregung schon mehr Anteil, mein Bruder so weitgehend, daß er den Sieg von Sedan hellseherischerweise einen Tag vorher verkündigte. Mir scheint sich alles in einem dunklen Begriff von Soldaten erschöpft zu haben. Noch auf Jahre hinaus gab es keine beliebtere Unterhaltung für mich, als mit meinem

Bruder Soldaten zu spielen. Wie elegant und niedlich waren unsere Zinnsoldaten, wie sauber die hölzernen Schachteln, in denen sie verpackt waren! Wir pflegten auf dem großen Eßtisch aus Büchern Festungen, Burgen und Brücken zu bauen und mit Soldaten zu bevölkern, Kriege zu führen und die Kriegspausen mit Jagd und Besuch auszufüllen. Einige Lieblingssoldaten, darunter ein schwungvoller Fähnrich, hob ich noch auf, als die Zeit des Spielens längst vorbei war, und, um die Wahrheit zu sagen, ich betrauere ihren schließlichen Verlust noch heute.

Meinrad Inglin

Mein Urgroßvater Werner, der hundert Jahre vor mir geboren wurde, stand als Offizier noch in fremden Diensten und warb nach seiner Heimkehr Söldner an, die er jeweilen über die Landesgrenze begleitete, bis der Bundesrat dem Söldnerwesen ein Ende machte. Sein Reisläuferdrang wirkte in seinen Söhnen weiter; der erste verschwand im Krimkrieg, der zweite in Amerika. Sein dritter Sohn, Ulrich, mein Großvater, blieb dem Soldatentum treu, er führte 1870/71 während der Grenzbesetzung eine Schützenkompagnie und hatte nach dem Übertritt der Armee Bourbaki Franzosen zu bewachen, doch wurde er daheim immerhin bürgerlich seßhaft und gewann ein Ansehen, das man mir häufig genug unter die Nase rieb. Sein Bild zeigt ein Gesicht mit gestutztem Bart und vollem Schnauz, mit scharfblickenden, offenen Augen und einer breiten Stirn, das Gesicht eines selbstbewußten, von Natur gewichtigen Mannes, dem gleich zu werden ich niemals hoffen konnte. «Er war ein großer, schöner Mann», sagten meine Tanten, die ich über ihn ausfragte, mit einem Nachklang von Bewunderung. Was ich außerdem wissen wollte, verrieten mir seine jüngeren Kameraden, die ihn überlebten. «Der Hauptmann Ulrich Amberg?» fragten sie angeregt, nickten lachend und schilderten ihn als aufgeschlossenen, lebensfreudigen, ja schalkhaft lustigen Mann.

Meine Erinnerung bewahrt ihn als den Urheber eines meiner frühesten Erlebnisse. Ich hatte eine Trommel geschenkt bekommen und schlegelte drauflos, da nahm er mich auf seine Knie, zeigte mir, wie man trommelt, und lehrte mich geduldig die Anfänge eines Marsches. Überwältigt saß ich unter seinem geneigten bärtigen Haupte, im Kreis seiner Arme, meine Fäustchen mit den Schlegeln in seinen führenden Händen, und erlebte zum erstenmal, daß es Takt und Rhythmus gab, die wichtiger waren als der bloße geschlegelte Lärm. Ich konnte es noch nicht verstehen, aber in meinem erstaunten Kindergemüt erwachte eine Lust daran, die mich nie mehr verließ.

Auch an die Großmutter erinnere ich mich nur im Zusammenhang mit frühen Erlebnissen. Auf einem Spaziergang durch die hell besonnte grüne Umgebung des Dorfes führte mich diese freundliche Frau in eine offene kleine Kapelle und zeigte mir einen aus Holz geschnitzten, bemalten Engel, der in anmutiger Haltung betend auf dem schmalen Altartisch kniete. Sie lenkte meine unruhige Neugier so eindringlich auf diesen Engel und schien noch zuletzt so entzückt von ihm, daß ich nicht recht verstand, warum wir die Kapelle so bald wieder verließen. Einige Tage später, als die Großmutter zu einem Kirchenbesuch aufbrach, steckte ich ihr meine beiden Trommelschlegel hinten unter die Tournure ihres Kleides, was bei ihrer altmodischen Tracht noch möglich war. Mit diesen Schlegeln, die sichtbar hervorragten, ging sie in die Kirche. Wie man mir später häufig erzählte, kniete sie nun dort auf ein Bänklein, aber da wurde hinter ihr so gekichert, daß sie sich befremdet umwandte. Sie sah ein paar Töchter oder junge Frauen, die mit dem Taschentuch vor dem Munde das Lachen kaum mehr verbeißen konnten. Dabei fiel einer der Schlegel zu Boden, die Nachbarin zur Linken hob ihn auf und gab ihn der Großmutter, dann zog ihr jemand den zweiten Schlegel heraus, der ihr rechts von hinten überreicht wurde, so daß die gute Frau errötend in die größte Verlegenheit geriet. Sie brachte mir das Schlegelpaar schimpfend zurück und wies meine schüchternen Annäherungsversuche so ungnädig ab, daß ich sehr traurig wurde und nach einem wirksameren Mittel suchte, um sie zu versöhnen. Da fiel mir der Engel ein. Es gelang mir, unbemerkt aus dem Hause wegzulaufen, ich rannte in jene Kapelle und zog die Engelstatue an ihrem Sockel vom niederen Altartisch in meine Arme herunter. Sie war halb so groß wie ich und schwerer als ich vermutet hatte, doch umschloß ich sie fest mit beiden Armen und trug sie durch das Dorf nach Hause.

Die Leute, die mir begegneten, blieben lächelnd stehen, woraus ich auf ihre freundliche Zustimmung schloß. Triumphierend und meiner Sache sicher trat ich mit dem Engel vor die Großmutter. Sie erschrak jedoch zu meiner Bestürzung über das seltene Geschenk und erklärte entschieden, daß man die Statue unverzüglich in die Kapelle zurückbringen müsse. So konnte ich es schon als unschuldiger Knirps den erwachsenen Leuten nicht recht machen.

Im selben Jahre befand ich mich einmal mit meinen Vettern Karl und Hans in einem fremdartigen Raum. Man hatte uns daheim das Sonntagsgewand mit dem weißen Matrosenkragen angezogen und uns verheißungsvoll die unverständliche Mitteilung gemacht, daß wir photographiert werden sollten. Ich stand mit meiner Trommel auf einem Schemel in der Mitte, rechts saß Karl auf seinem Schaukelpferd, links stand Hans mit seinem Stoßkarren. Wir waren alle dreijährig und wollten nun spielen, aber zu unserem Erstaunen sollten wir nur so tun, als ob wir spielten, und dabei ganz still sein. Dies beunruhigte uns um so mehr, als Herr Stoffel und sein Apparat sich in ein Fabeltier verwandelten; es hatte hinten kurze, dicke Beine, vorn aber ganz dünne und lange, es trug einen schwarzen Mantel um die hohen Schultern und ein gläsernes Auge an der Stirn, das uns bedrohlich anstarrte. Ich begegnete dieser Bedrohung, indem ich eifrig zu trommeln anfing, und sofort begann Karl zu schaukeln, Hans den Karren zu schieben. Man bestürmte uns von allen Seiten, nun doch die ruhige Pose wieder anzunehmen, was wir durchaus nicht begreifen konnten. Nach vieler Mühe gelang es aber doch; das Fabelwesen, das wir künftig Heustöffel nannten, da es einer riesigen Heuschrecke glich und überdies der Herr Stoffel gewesen war, blinzelte flüchtig, man lachte uns zu, und ich begann aus Leibeskräften die Schlegel zu rühren.

Justinus Kerner

Auf dem großen Marktplatze, auf dem die Oberamtei, das Haus meiner Geburt, stand, wurden venezianische Messen gehalten. Der große Marktplatz war zeltartig mit Tüchern bedeckt, Verkäufer und Käufer waren maskiert. Es war ein buntes Getümmel von Masken, welche die tollsten Aufzüge und Spiele ausführten, worunter nicht das stärkste ein riesenhafter Heiducke des Herzogs war, der, in die Maske eines Wickelkindes gekleidet, in einer Wiege herumgeführt und mit Brei von einer Amme, die ein Zwerg war, gespeist wurde. Von den Fenstern des Oberamteigebäudes konnte man den Marktplatz am besten überschauen, daher nahm der Herzog in solcher Zeit mit seiner Gemahlin Franziska den Aufenthalt daselbst.

Meine Eltern mußten jedesmal Raum schaffen, ja auch die unteren Gelasse des Hauses, wo die Schreibstuben waren, mußten geleert werden; denn hier wurde in solcher Zeit eine Pharaobank eingerichtet. Der Herzog mit seinem goldenen Hütchen, seiner mit Buckel versehenen gepuderten Frisur mit einem Zöpfchen, seinem kirschroten Rocke, seiner gelben Plattenweste, seinen gelben Hosen, hohen Stiefeln und Stiefelstrümpfen, und die Herzogin in weitem Reifrocke mit schlanker Taille, hoher gepuderter Frisur, auf der hoch oben eine gelbe Bandschleife wie ein Kanarienvogel saß, sind meine ganz im Nebel schwimmenden, traumhaftesten Erinnerungen. Etwas heller blieb in meinem Gedächtnisse ein Mann, der zu jener Zeit und auch noch später öfters unser Haus besuchte und um dessen Stock, um auf ihm zu reiten, sich oft meine Brüder schlugen. Es war eine kräftige Gestalt mit großen Augen, einer etwas aufgestülpten Nase und einer toupetartigen Frisur, ein Mann mit lebhaften Bewegungen und kräftiger Stimme, der Dichter Schubart.

Gertrud von Le Fort

Als ich geboren wurde, stand mein Vater in Minden. Wenn ich an diese meine Geburtsstadt zurückdenke, sehe ich einen Garten mit einem großen Rotdornbaum vor mir. Ich hatte an diesem Baum eine unbeschreibliche Freude – es schien mir wie ein Wunder, daß er, lange nur bescheiden grünend, sich zu gewissen Zeiten so herrlich zu schmükken verstand. Ich habe diesen Baum nie vergessen, und immer, wenn ich in meinem späteren Leben einen blühenden Rotdorn sah, mußte ich an unseren Mindener Garten denken; ich glaube, ich habe nie wieder einen so großen herrlichen Rotdorn erblickt wie jenen, aber vielleicht erschien er mir nur so übergroß und herrlich, weil ich so klein war – ich weiß es nicht, aber auch der minder herrliche ruft jedesmal den Anblick jenes einzigen zurück, und meine große Liebe zu Blumen und Blüten wurde früh durch ihn begründet. Das Schicksal hat dieser Liebe Genüge getan – Blumen und Sträuße haben mich durch mein ganzes Leben begleitet.

Der Rotdornbaum unseres Mindener Gartens stellt auch die früheste Erinnerung an mein Schwesterchen Elisabeth dar, deren Tauftisch mit blühendem Rotdorn geschmückt war – von der heiligen Handlung ist er das einzige mir in Erinnerung Gebliebene.

Neben dem Rotdorn gibt es noch eine Erinnerung an unseren Mindener Garten, nämlich ein großes Heckenloch zwischen ihm und dem Nachbargrundstück. Durch dieses Heckenloch schlüpften mein erster kleiner Spielkamerad und ich täglich zueinander. Er hieß Otto Süß, und wir hielten treulich zusammen gegen seinen älteren Bruder, der uns durch seine Neckereien eine Überlegenheit fühlen ließ, die uns entrüstete. Otto und ich waren als Spielkameraden so unzertrennlich, daß wir uns gemeinsam stundenlang im Himbeerdickicht unseres Gartens versteckten, als meine Mutter einige andere Kinder für uns eingeladen hatte, die wir – ich weiß nicht, warum – ablehnten.

Als der «Blumengarten» ist mir von Minden noch der Friedhof erinnerlich, wohin ich meine Mutter zum Grabe meines früh verstorbenen Schwesterchens Irmgard begleitete, um das meine Mutter viele Tränen weinte. Mir wurde gesagt, das Schwesterchen sei im Himmel, und meine Mutter hat mir später erzählt, ich habe sie immer zu trösten versucht durch die Worte: «Wir kommen ja auch dorthin, wir kommen ja auch dorthin.» Dabei umschlang ich sie mit beiden Armen, aber ich fühlte mit hilflosem Schmerz, daß ich sie nicht trösten konnte – ihre Tränen hörten erst auf, als ihr drittes Kind, mein Schwesterchen Elisabeth, erschien. Die Erfahrung meiner damaligen Hilflosigkeit ist mir bis heute unvergeßlich geblieben – ich stieß zum ersten Male auf die unbegreifliche Tatsache, daß aller menschlichen Liebe eine Grenze gesteckt ist – noch heute erinnere ich mich deutlich meiner kindlichen Verstörtheit angesichts der sonst so zärtlichen Mutter. Ich flüchtete in meiner Not instinktiv zum Vater, der gewiß auch litt, aber es seiner kleinen Tochter gegenüber nicht merken ließ.

Zwischen meinem Vater und mir bestand von früh auf ein besonders inniges Verhältnis. Er, der oft schroff und starrsinnig sein konnte, war der kleinen Tochter gegenüber immer aufgeschlossen, ja seltsam schwach. Meine Mutter erzählte gern, ich habe, wenn ihr der Vater etwas abgeschlagen, zuversichtlich gesagt: «Ich werde ihn schon noch dazu bringen.» Ich setzte mich dann vor seine Türe auf die Treppe und wartete, bis er herauskam, und dann brachte ich ihn eben dazu. Er konnte seinem ältesten Töchterchen nichts abschlagen, und ich wußte dies nur zu gut.

Im Winter fütterte er mit mir die Vögel. Da war in unserem Garten ein großer alter Steintisch, auf dem wir unsere Körner ausstreuten. Nie in meinem Leben, wo immer ich auch wohnte, habe ich im Winter die Vögel zu füttern vergessen, und immer war mir, als erinnere mich der längst verlorene Vater an seine kleinen gefiederten Freunde.

Auch sonst war er der Kreatur sehr verbunden. Er erzählte gern, wie ihn sein früheres Reitpferd noch als altes müdes Droschkenpferd in der Großstadt erkannt und mit freudigem Wiehern begrüßt habe. Mein Vater ging auch – im Gegensatz zu seinen meisten Verwandten – nicht auf Jagd, er hatte keine Freude am Erlegen der Tiere.

Zu meinen Puppen ein ähnliches liebendes Verhältnis gehabt zu haben wie zu den Vögeln und Blumen, kann ich mich nicht entsinnen. Wohl aber sehe ich meine erste und wichtigste Puppe noch deutlich vor mir. Sie stammte von der Großmama und war sozusagen eine ehrwürdige Ahnfrau der heutigen Puppen mit ihrem großen, sehr widerstandsfähigen Leib aus Leder und einer Frisur aus richtigen Menschenhaaren, die man zu langen Zöpfen flechten konnte. Man konnte sie auch aus- und anziehen, sie besaß äußerst robuste handgenähte Wäsche. Sie hieß Agnes, stand aber meinem Herzen lange nicht so nah wie die Blumen und Vögelchen.

Mechtilde Lichnowsky

Die Kindsfrau Mali trug lichtblaue Brillen im verwelkten Gesicht. Oben hatte sie keine Zähne mehr, unten etwas, das dem Vierjährigen erschien wie ganz kleine Papierschnitzel. Auf dem Wickeltisch wälzte sich immer Jemand, und Jemand machte die Wiegenvorhänge zittern. Hunde durften nicht hereinkommen, aber es gab welche im Garten.

Die Turmuhr rief die Stunden blechern. Sie sagte nicht bim und nicht bum, sondern «beim» für die Viertelschläge und etwas Tiefes, Buchstabenloses für die Stunden. Blo – äum... Blo – äum... Aber was das Ganze war, das so, klingend mit der Luft, ins Zimmer kam, wußte niemand. Hundekläffen und Glockenton waren zum Einatmen.

An den Fenstern stießen sich die Sommerfliegen. Und immer wieder konnte niemand sagen, ob die Mutter ein Kind oder der Vater den Gärtner gerufen hatte oder ob der Glockenton aus dem eigenen Ohr in jenes herrliche Riesenreich fiel, das ringsum noch bestand... man selbst und ES... Dunkel und Hell... Fluß und Stillstand... [...] «Mittag» ist ein köstliches Wort, wenn Mali es ausspricht. Draußen brennt die Sonne – Zimmer sind kühl. Auf den Fichtenbretterboden hat man aus Gießkannen Wasser hingeschlängelt. Auf weißen Tellern, die grobkörnig und glänzend wie gefrorenes Grießmus aussehen, zittern goldgelbe Suppenspiegel, unter Deckeln raucht Gebratenes, und die Kehle weitet sich vor seligem Durstlöschgefühl beim Anblick der tautropfenbelaufenen Wasserflasche, die von vierjährigen Fingern berieben und beschrieben wird, bis sie einen Ton von sich gibt.

«Mali, die Flasche hat geschrien.» [...] Trotzdem es nicht Nacht-, sondern Grillen- und Schmetterlingszeit ist, hebt ein Erwachsener das Vierjährige empor und legt es in ein Bett. Am hellichten Nachmittag! Der Vater raucht im Salon neben dem elterlichen Schlafzimmer. Das kleine Bett steht quer

am Alkoven. Er räuspert sich, das hört man. Er tut es nicht wie die Diener, nicht wie die Gäste, nicht wie die Bauern in der Kirche – – sondern wie Jehova in der Wolke spricht. [...] Warum nach dem Mittagessen schlafen müssen!
Im rotsamtenen Gehirn des Vierjährigen rollen lebendige, schlaflose, bunte Denkkugeln, die sich lautlos stoßen, Farben wechseln, klanglos verschwinden und so nah von der Tat stehen, daß sie alle zum Erlebnis werden.

Agnes Miegel

Meine Kinderzeit verlebte ich in der «Vorstadt», die damals noch ganz wie eine kleine Landstadt zwischen dem Hafen und den Arbeiterstraßen des Haberbergs lag. Die einfachen und peinlich sauberen Haushalte dort waren weit entfernt von jedem Luxus. Der Begriff davon war uns allen hier oben nicht einmal dem Namen nach bekannt. Viele Dinge, die heute als so etwas gelten, hatten ja damals keinen besonderen Wert. Bernsteinketten trugen bloß kleine Kinder oder höchstens kleine Mädchen, die gerade zur Schule gingen. Wäsche, besonders die gediegene handgewebte Tischwäsche, besaß jede Hausfrau im Überfluß. Und Gänsebraten kam von Martini bis Weihnachten allsonntäglich auf den Tisch, gerade wie in der Osterzeit der Lachs, den unsere Ostsee unerschöpflich hergab. Kaviar – im Reich eine seltene Festtagskost – gab's billig zu kaufen, und ein sehr guter Rotwein wurde den Gästen in jedem Haus und bei jeder Gelegenheit gereicht; denn gegen Weißweine hatten wir früher ein Vorurteil. Selbst zu unserem berühmten Marzipan, für das jeder Haushalt sein eigenes altbewährtes Familienrezept besaß, trank man Rotwein, auch sehr junge Menschen, worüber man heute entrüstet wäre. Wir waren aber so satt von all den guten Dingen, die wir zu essen bekamen, daß es uns nicht schadete – jedenfalls viel weniger als heute die gelegentlichen Liköre und Zigaretten. Außerdem drehten wir uns ja nur im Kreise verwandter und bekannter Menschen, und die Onkel und Tanten, auch die alten Mädchen, hatten sehr wachsame Augen auf uns und pflegten mit ihrer Meinung nicht hinter dem Berg zu halten, wozu wir hübsch still waren. Widerrede war noch nicht für Minderjährige erfunden. Dafür hatte man auch bei ihnen allen die Rechte des Kindes, ging aus und ein, fand Liebe und Verständnis, Geduld und zärtliches Eingehen und überall die Gelegenheit zum Festefeiern. Die Musikliebe meiner Heimat – die auch heute noch lebt und immer schon seit der Barockzeit ihr Ruhm war – verschönte alle Festlichkeiten. Es war in meinem Leben ein großer, ja ein bestimmender Tag, als ich zum erstenmal in eines unserer berühmten «Börsenkonzerte» mit durfte. Irgendwie hat meine kleine unbeschwert-vergnügte Kinderseele da etwas von dem geahnt, was Kunst ist, und was es bedeutet, ein Künstler zu sein.

Warum ich so viel von jener Zeit erzähle? Weil ich jetzt, wo ich zu den Alten zähle, einsehe, daß sie es ist, die meine geistige Entwicklung beeinflußt hat, die – mir selbst vielleicht unbewußt – immer wieder aus meinen Versen spricht. Weil sie immer stärker in mir wird, so wie in meinem Gesicht immer mehr die Ähnlichkeit mit den schon lange Toten vorkommt. [...]

Wenn mein fünfjähriges Dasein einmal ganz besonders trübselig war – wenn fremde Tanten, die sonst nie zu Besuch kamen, plötzlich erschienen und nach bedauernden Betrachtungen, daß ich weder der Mama noch meiner Tante gliche, der Hoffnung Ausdruck gaben, daß ich diesen Mangel durch Fleiß und Kenntnisse ausgleichen würde, wenn ich nun endlich in die Schule käme –, wenn mein Kindermädchen, angestachelt von diesen Reden, mich mit einem Häkelhaken und bunten Wollknäueln in die «Luftmasche» einweihte oder eine halbe Stunde lang s und i schreiben ließ (die alle wie kränkliche Peitschen aussahen) – wenn alle diese Schrecknisse übermäßig auf meinem Streichkamm-Scheitel lasteten, dann schlich ich mich in die Küche und bettelte meiner Minna ein buntes Kummchen ab mit «nußgroß» grüner Seife und ein bißchen Wasser.

Dann suchte die Gute aus dem Küchenschrank ein weißes Tonpfeifchen vor, dessen süßlicher Kalkgeruch mich allein schon in gute Laune versetzte. Sie schob den Küchenstuhl ans Fenster, stieß die kleine Raute zwischen dem Petersilientopf und dem Schnittlauchscherben auf, quirlte und klopfte – und es kam der herrliche Augenblick, wo die ersten kleinen Blasen, perlmuttern glänzend, sich aus der burbelnden Lauge

hoben; dann stand buntschillernder Schaum um den Pfeifen-
rand, wuchs, blähte sich, und ein rundes Wunder, in der
Farbenpracht des Regenbogens, schwebte unirdisch und selig
ins Weite, gefolgt von zahllosen Schwestern, über deren ver-
klärter Schönheit man vergaß, daß die Vorgängerin irgendwie zu einem Tropfen vergangen war wie ein Tränchen, auf-
gesogen von dem Nichts. Wie konnte man daran denken?
War es nicht ebenso belanglos wie Tantenreden, Schule und
Häkeln? Immer neue Herrlichkeit schwebte empor, Vollkom-
menheit zog kreisrund ihren Sphärentanz, glühte purpurn,
lockte flammend gelb, spiegelte feurig blau, glänzte in einem
Schimmer, der zu holdselig war, um zu dauern.

Das bunte Kummchen und das Tonpfeifchen sind lange zerbrochen, und andre ihresgleichen, die ich seither sah, schienen mir irgendwie unvorteilhaft verschieden von ihnen. Die
fremden Tanten, die mein Aussehen so sehr mißbilligten,
sind mit ihren enttäuschten Erwartungen zu besseren Er-
füllungen gegangen. Und ich selbst habe entdeckt, daß Häkelhaken nicht mit der Schule erledigt sind, sondern, auf
märchenhafte Art verwandelt, immer wieder drohen. Ich
habe mich auch mit meinem Trost der Prüfung angepaßt.
Zwischen den grünenden Schmuckplätzen des alltäglichen
Nützlichkeitsdaseins sitze ich noch heute gern und sehe den
Seifenblasen nach, die lockend und schimmernd vor mir
schweben – und vergesse immer noch über der Schönheit der
letzten die Vergänglichkeit ihrer Schwestern.

Blau und grün schimmern sie im Licht, zeigen Baumwipfel,
Sommerhimmel, wandernde Frühlingswolken, die Buntheit
blühender Phloxrabatten, das festliche Rot neuer Ziegel-
dächer, die lichten Bänder schimmernder Straßen. O Paradies des Städters, das Vorort heißt! Ja, so zu wohnen, das ist
menschenwürdig! Das ist «naturgemäß». Nein, es ist nichts
mit dem Kneiphof. Steht er nicht auf Sumpf? Riecht nicht
der Pregel, werden nicht die Brücken ausgebessert, heulen
nicht die Dampfer, wenn man im schönsten Schlummer liegt?
Da draußen ist Friede, Stille, Blumenduft. Die Seifenblase

funkelt wie ein Verbenenstrauß – «Alle Vögel sind schon da», tiriliert es dazwischen... Und nun glüht sie auf im Gelb und Rot der Weltlichkeit, in der Pfauenbuntheit der Hoffahrt: Ja, ist es nicht ein berechtigter Anspruch, wenn man endlich in die Gegend der Leute ziehen will, die eigene Häuser haben? Schicksalslos und nach dem neuesten Schnittmuster gekleidet, wandeln sie vorüber mit wohlgekämmten Kindern, biegen in gepflegte Vorgärten, in denen besorgte Rassehunde wachen, tauchen in totenstille, blankgebohnerte Treppenflure, lächeln unbeschwert von irdischen Nöten über den von rosa und roten Hängepelargonien schimmernden Veranden, strahlen gepflegte Ereignislosigkeit über die saubere, schnurgerade Straße...

Die Pfauenbuntheit und die glühende Weltlichkeit werden jäh aufgeschluckt von der Dämmerung draußen. Meine Seifenblase zerplatzt, und ich behalte nicht mal den verlockenden Kalkgeschmack des Tonpfeifchens. Aber der Duft von welkem Ahornlaub, der Nebelhauch abendlichen Wassers kommt durchs offene Fenster, das Glitzern der Brückenlaternen liegt langgezogen auf dem glasdunklen Pregel. Wie große Wiegen schaukeln in den Wellchen des vorbeihastenden Motorboots die Kartoffelkähne drüben, deren Maste, ein Gespensterwald, vor der Fischbrücke stehn. Herdrauch zieht qualmend über das Gewirr der Buden, Latten, Fässer, Stangen, unter den flatternden Triumphbögen der Wäscheleinen. Im goldenen Schein baumelnder Laternchen haucht der Herbstsegen rosenroter Zwiebeln, weißblonder Kohlköpfe, orangeglühender Kürbisse aus brauner Dunkelheit. Unterm weitgespreiteten Plantuch glüht Herdfeuer, warm, rot und heimelig wie in Minnas Küche. Es riecht nach brutzelndem Speck und frischem Meiran. Silbern geströmt, mit grünfunkelnden Augen wandert eine Katze über die Pregelmauer, Ahornblätter fallen schwer und raschelnd aus der Baumkrone, durch deren lichter gewordenes Laub die Herbstgestirne funkeln, die hinter den schmalen Giebeln aufsteigen. Und nun rufst du sanft und weich die Stunde durch die feuchte Dunkelheit, vernehmlich über dem Gewirr des abendlich ausebbenden Lebens – Domuhr, vertraute Ammenstimme der Grachtwelt, in die ich hinein geboren bin, und mahnst mich, daß es Zeit ist, das Fenster zu schließen und die Lampe anzuknipsen.

Wie das Wasser spiegelt! – Kreiselnd zuckt es auf, flammend rot, grünlich und golden, und versinkt in dunkler Unwirklichkeit. Beinahe – wie eine Seifenblase!

Karl Philipp Moritz

Die ersten Töne, die sein Ohr vernahm und sein aufdämmernder Verstand begriff, waren wechselseitige Flüche und Verwünschungen des unauflöslich geknüpften Ehebandes.

Ob er gleich Vater und Mutter hatte, so war er doch in seiner frühesten Jugend schon von Vater und Mutter verlassen, denn er wußte nicht, an wen er sich anschließen, an wen er sich halten sollte, da sich beide haßten, und ihm doch einer so nahe wie der andre war.

In seiner frühesten Jugend hat er nie die Liebkosungen zärtlicher Eltern geschmeckt, nie nach einer kleinen Mühe ihr belohnendes Lächeln.

Wenn er in das Haus seiner Eltern trat, so trat er in ein Haus der Unzufriedenheit, des Zorns, der Tränen und der Klagen.

Diese ersten Eindrücke sind nie in seinem Leben aus seiner Seele verwischt worden, und haben sie oft zu einem Sammelplatze schwarzer Gedanken gemacht, die er durch keine Philosophie verdrängen konnte.

Da sein Vater im Siebenjährigen Kriege mit zu Felde war, zog seine Mutter zwei Jahre lang mit ihm auf ein kleines Dorf. Hier hatte er ziemliche Freiheit und einige Entschädigung für die Leiden seiner Kindheit.

Die Vorstellung von den ersten Wiesen, die er sah, von dem Kornfelde, das sich auf einem sanften Hügel erstreckte und oben mit dem grünen Gebüsch umkränzt war, von dem blauen Berge und den einzelnen Gebüschen und Bäumen, die am Fuße desselben auf das grüne Gras ihren Schatten warfen und immer dichter und dichter wurden, je höher man hinaufstieg, mischen sich noch immer unter seine angenehmsten Gedanken und machen gleichsam die Grundlage aller der täuschenden Bilder aus, die oft seine Phantasie sich vormalt.

Aber wie bald waren diese beiden glücklichen Jahre ent-
flohen!

Es war Friede, und Antons Mutter zog mit ihm in die Stadt
zu ihrem Manne.

Die lange Trennung von ihm verursachte ein kurzes Blend-
werk ehelicher Eintracht, aber bald folgte auf die betrügliche
Windstille ein desto schrecklicherer Sturm.

Antons Herz zerfloß in Wehmut, wenn er einem von seinen
Eltern Unrecht geben sollte, und doch schien es ihm sehr oft,
als wenn sein Vater, den er bloß fürchtete, mehr recht habe
als seine Mutter, die er liebte.

So schwankte seine junge Seele beständig zwischen Haß und
Liebe, zwischen Furcht und Zutrauen zu seinen Eltern hin
und her.

Franz Nabl

Für die Jagd auf Rehe und auf Hochwild war ich noch zu klein, die blieb einstweilen dem Vater selbst und den älteren Brüdern vorbehalten, aber auch später, als ich dazu schon groß genug gewesen wäre, konnte ich mich für sie nicht recht begeistern. Um so lebhafter begann mich bald das Forellenangeln zu locken, obwohl es mit Verzweiflung und Wehgeschrei des Fünf- oder Sechsjährigen begann. Die Eltern hatten ihm zum Geburtstag einen Angelstock und dazu eine Fischereikassette geschenkt. Sie enthielt alle möglichen Dinge für Fluß- und Seefischerei, nur fürs Forellenangeln im durchsichtigen Bergbach fand sich, ein paar künstliche Fliegen und eine plumpe künstliche Heuschrecke ausgenommen, wenig brauchbares darin. Bevor ich nun mit dem Kinderfräulein zum ersten Beutezug ausrückte, wurde unser Wirtschafter angewiesen, mir das Angelzeug zusammenzurichten. Als ehemaliger Wildschütze und nunmehr wohlbestallter Reisjäger wußte er zwar um die Jagd Bescheid, von der Fischerei jedoch, besonders in ihrer verfeinerten Form, mochte er wenig Kenntnisse besitzen. Immerhin steckte er den dreiteiligen Stock gehörig zusammen, zog die Schnur durch die Ösen und band an ihr Ende eine der künstlichen Fliegen. Mit der möge ich es immerhin versuchen, meinte er nicht ohne deutlich bemerkbaren Zweifel und indem er hinzufügte, mit dem Regenwurm wäre es gewiß verheißungsvoller. So wanderte ich nun an Seite meiner völlig unbeteiligten Begleiterin den Bach entlang und ließ da und dort die Fliege auf dem eiligen Wasser schwimmen. Der Erfolg blieb einstweilen aus, denn ich hatte keine Übung darin, die Fische in der unruhigen Strömung zu erspähen. Endlich kamen wir zu einer Brettsäge und eine kleine Strecke weiter bachaufwärts zu ihrem Wehr, von dem das Wasser durch einen mit Algenfahnen behangenen Fluder zum oberschlächtigen Rad geführt wurde. Unterhalb des Wehrs bildete der

Bach einen tiefen, nur schwach kreisenden Dumpf, und in ihm entdeckte auch das ungeübte Auge viele kleinere und größere Forellen. Und wie ich nun, ungeschickt genug, das künstliche Federspiel auf die Wasseroberfläche warf, schoß einer der Fische plötzlich hoch, schnappte die Fliege, und alsbald spürte ich jenes merkwürdige, den Angler jedesmal aufs neue erregende lebendige Ziehen und Zucken, das ich von da an nie wieder vergessen sollte. Damals freilich faßte mich keine erregende Freude, sondern Angst und Verzweiflung. Ob das Tier selbst mir bange machte oder die Sorge, es könne mir den Angelstock aus der Hand reißen, das weiß ich heute nicht mehr. Ich schrie und schrie immerzu, und auch meine Begleiterin, ahnungslos darüber, was eigentlich geschah, begann zu schreien. Wer vermag zu sagen, wie das Abenteuer ausgegangen wäre, hätte unser Gebrüll den Sägemeister nicht an den Ausguck oberhalb des sich langsam drehenden Rades geführt. Sobald er sah, was sich da abspielte, stimmte er in unser Geschrei nur mit lautem Lachen ein, kam rasch herbeigeeilt und schleuderte, indem er mir die Rute aus der Hand nahm, den angehakten Fisch im Bogen auf das erhöhte Rasenufer. So hat der Fünf- oder Sechsjährige seine erste Forelle gefangen. Daß er 70 Jahre später noch immer der gleichen Leidenschaft verfallen sein würde, das konnte er damals allerdings nicht ahnen. Von diesem Zeitpunkt an klafft in meiner Erinnerung eine unausfüllbare Lücke, doch mag es lange gedauert haben, ehe ich wieder nach der Angel zu greifen wagte.

Hans Erich Nossack

«Einen Vater habt ihr nicht?» – «Doch, doch. Wie kommst du darauf?» – «Weil du nicht von ihm sprichst.» – «Wie sollten wir keinen Vater haben. O doch. Man spricht bei uns nicht über ihn.» – «Ist er weggelaufen?» – «O nein, er ist da. Er ist immer da. Er kann gar nicht weglaufen.» – «Aber?» – «Er ist an den Beinen gelähmt.» – «Ach so», sagte Nellie.

«Nein, das kannst du nicht wissen», sagte ich, «das ist nicht so einfach. Es ist auch schon lange her, meine Schwester war sieben und ich war sechs, aber seitdem hat sich nichts daran geändert. Man hat uns nämlich eingeredet, daß wir schuld daran wären. Daran, daß Vater gelähmt ist. Er selbst natürlich nicht, er denkt es auch nicht, aber meine Mutter hat es gesagt. Es sieht auch so aus, als wenn wir schuld wären. Wenn sie es erzählt, muß man es glauben; es läßt sich nichts dagegen sagen. Darum ist es schwer für uns, sehr schwer. Und doch stimmt es nicht. Man weiß, daß es nicht stimmt, und kann es doch nicht mit Gewißheit erklären. Die anderen behalten immer recht, deshalb redet man lieber gar nicht erst. Nur wenn man Vater anschaut, weiß man, daß sie nicht recht haben. Gerade weil auch er nicht davon redet. Das ist ein sehr großes Unglück, Nellie, ein so großes Unglück, daß du es dir gar nicht vorstellen kannst. Andere Leute merken gar nicht, was für ein Unglück das ist. Sie denken, bei uns ist es genauso wie bei ihnen. Aber wir haben es immer schon gewußt, von Anfang an. Auch als wir noch kleine Kinder waren und ganz dumm, haben wir gewußt, daß es bei uns anders ist. Vater ist nämlich von einer Leiter gefallen. Er wollte die Leiter gar nicht hinaufsteigen. Er sagte: ‹Laß doch! Laß doch!› Ich hörte es oben, ich saß oben auf dem Gebälk des Schuppens. Aber meine Mutter hetzte ihn: ‹Steig rauf! Steig sofort rauf!› Da stieg er hinauf, er seufzte dabei. Und dann brach eine Sprosse; sie war morsch, ganz morsch; und er fiel runter. Vor Kummer, wie ich ihn so daliegen sah, hätte ich beinahe meinen Balken losgelassen und wäre auf ihn raufgefallen. Meine Mutter versuchte Vater an den Schultern aus dem Schuppen zu zerren, und meine Schwester half ihr weinend dabei. Ich dachte zuerst, Vater wäre tot, aber da blickte er zu mir zum Dach hinauf und sagte: ‹Es ist nicht weiter schlimm.› Er lächelte sogar, wie mir schien. Daraufhin rutschte ich schnell an der Schuppenwand hinunter, nur ich kannte die Stelle, wo es möglich war, und versuchte zu helfen. ‹Du hast deinen Vater umgebracht›, sagte meine Mutter. ‹Lauf schnell nach Untershausen und hol den Doktor.› Da machte ich mich auf durchs Moor. Ich lief den ganzen Weg, er wollte kein Ende nehmen. Wenn er nicht mehr lebt, sagte ich mir, bringe ich mich um. Ich springe einfach von dem zerbrochenen Brückenbogen in den Fluß. Ich war erst sechs Jahre alt. In Untershausen telephonierten sie auf den Dörfern herum, wo der Arzt wäre. Man konnte ihn nicht finden. Er kam erst am zweiten Tag; er war betrunken gewesen. Inzwischen hatten meine Mutter und Leute von den Lastkähnen, die gerade da lagen, Vaters Beine geschient. Er hatte sich die Hüften zerbrochen oder die Oberschenkel. Der Doktor sagte, daß er gleich ins Krankenhaus geschafft werden sollte; dort würden sie alles wieder zurechtkriegen, es sei nicht so schlimm. Was das kosten würde, fragte Vater. Soundsoviel ungefähr, sagte der Doktor. Vater schwieg. Wir standen alle um das Bett.

Meine Mutter, meine Schwester und ich. Auch meine Mutter schwieg. Da sagte Vater: ‹So viel Geld haben wir nicht.› Der Doktor zuckte die Achseln, und dann standen wir wieder eine Weile schweigend da. Plötzlich rief meine Schwester: ‹Vielleicht haben wir doch so viel Geld, wenn wir nachzählen.› Meine Mutter wollte etwas zu ihr sagen, doch Vater kam ihr zuvor. ‹Nein, so viel Geld haben wir leider nicht. Und das ist auch alles nicht nötig. Es wird auch hier wieder zusammenwachsen.› – Hörst du zu, Nellie? Oder schläfst du?»

«Nein, ich schlafe nicht», sagte Nellie.

«Es war nämlich bestimmt Geld da, verstehst du. Wieviel, das wußten wir natürlich nicht: wir waren noch zu klein. Aber hinter der Küche war ein dunkler Verschlag mit allerhand Gerümpel. Meistens stand der Stuhl meiner Mutter davor, und dort saß sie. Doch wenn dieser Struck dagewesen war oder andere Leute, und sie hatten ihre Geschäfte gemacht, dann rumorte sie dort drinnen, und niemand durfte sie stören; sonst wurde sie wütend. Auch mit den Spanferkeln verdiente sie Geld. Wir hatten hinter dem Haus etliche Kofen. Die Leute sagten sogar, daß meine Mutter eine glückliche Hand mit der Aufzucht hätte. Wie haßte ich diese Tiere! Nichts als Fleisch und so nackt! Ich mußte die Ställe sauberhalten. Und meine Schwester mußte sie füttern. Und so war es auch gekommen. Meine Schwester weinte, weil sie von meiner Mutter gescholten wurde. Da stampfte ich mit dem Fuß auf. Meine Mutter wollte mich dafür schlagen, doch ich entwischte ihr auf das Dachgebälk des Schuppens. Meine Mutter ist eine große, schwere Frau.

Jean Paul (Friedrich Richter)

Tief hinunterreichende Erinnerungen aus den Kindheitjahren erfreuen, ja erheben den bodenlosen Menschen, der sich in diesem Wellendasein überall festklammern will, unbeschreiblich und weit mehr als das Gedächtnis seiner späteren Schwungzeiten; vielleicht aus den zwei Gründen: daß er durch dieses Rückentsinnen sich näher an die von Nächten und Geistern bewachten Pforten seines Lebens zurückzudrängen meint und daß er zweitens in der geistigen Kraft eines frühen Bewußtseins gleichsam eine Unabhängigkeit vom verächtlichen kleinen Menschenkörperchen zu finden hofft. Ich bin zu meiner Freude im Stande, aus meinem zwölf-, höchstens vierzehnmonatlichen Alter eine bleiche kleine Erinnerung, gleichsam das erste geistige Frucht-Schneeglöckchen aus dem dunkeln Erdboden der Kindheit, noch aufzuzeigen. Ich erinnere mich nämlich noch, daß ein armer Schüler mich sehr liebgehabt und ich ihn, und daß er mich immer auf den Armen – was angenehmer ist, als später auf den Händen – getragen, und daß er mir in einer großen schwarzen Stube der Alumnen Milch zu essen gegeben. Sein fernes, nachdunkelndes Bild und sein Lieben schwebte mir über spätere Jahre herein; leider weiß ich seinen Namen längst nicht mehr; aber da es doch möglich wäre, daß er noch lebte, hoch in den Sechzigern, und als vielseitiger Gelehrter diese Vorlesungen im Druck vorbekäme und sich dann eines kleinen Professors erinnerte, den er getragen und geküßt – – ach Gott, wenn dieß wäre und er schriebe – oder der ältere Mann zum alten käme! – Dieses Morgensternchen frühester Erinnerung stand in dem Knabenalter noch ziemlich hell in seinem niedrigen Himmel, erblaßte aber immer mehr, je höher das Taglicht des Lebens stieg; – und jetzo erinnere ich mich eigentlich nur dieß klar, daß ich mich früher an alles heller erinnert. –

Edzard Schaper

Dieses Leben begann am 30. September 1908 in der kleinen Grenzstadt Ostrowo.

Wir können uns heute kaum mehr vorstellen, was für wahre Inseln diese kleinen Städte mit großer Garnison und einer dünnen Schicht von Beamten, Offizieren, eingewanderten Kaufleuten und den Vertretern eines recht bescheidenen Bildungslebens in dem weiten Land mit beinahe ausschließlich polnischem Volkstum waren. Auch die Konfessionen standen sich, ziemlich genau nach Nationalitäten geschieden, fremd und schroff gegenüber.

Als der Krieg ausbrach, der erste Weltkrieg, war ich nur ein kleines Kind von noch nicht sechs Jahren, aber durch die erregende Nähe der Grenze, die mir vielleicht mein ganzes Leben nachgegangen ist, erinnere ich mich deutlich eines jeden Ereignisses. Ich erinnere mich, daß der Tag der allgemeinen Mobilmachung ein Tag war, an dem ein großer Jahrmarkt gehalten wurde. In Grenzgebieten wie dort fluten dann von Osten und Westen die Bauern, Pferdehändler, die Zigeuner, die Juden von hüben und drüben zusammen. Es herrscht ein wildes Getümmel, das für die Kinder den Vorteil hat, daß sie ein paar Tage lang nicht zur Schule zu gehen brauchen. In jenen Sommerwochen aber waren alle Schulen ohnedies geschlossen; es waren glühend heiße Tage, wie sie wohl nur der Osten kennt. Ich erinnere mich jenes Radfahrers, der in der sechsten Abendstunde auf seinem Fahrrad durch die ganze Stadt fuhr und auf einer Trompete Signale blies und die Mobilmachung verkündete. Dramatische und theatralische Eröffnung eines Krieges, wie man sie sich heute im Zeitalter des Fernschreibers kaum mehr vorzustellen vermag, von einer Bildhaftigkeit, die sich einem Kind selbstverständlich stark einprägt. Denn mit einemmal, als das wilde Getümmel dieses östlichen Jahrmarkts auf seinem Gipfel angelangt zu sein schien, verstummte die Musik der Drehorgeln in den

Karussells, das Gewieher der Pferde, das stiebende Lärmen der Zigeuner bei ihren Wagen, das Traben der Pferde, die vorgeführt wurden, das Brüllen der Kühe, die auf ihren Käufer warteten. Alles das verstummte im Schall einer einzigen Trompete, und – die Menschheit teilte sich; man kann es nicht anders ausdrücken. In hastiger Flucht stoben alle, die von Osten gekommen waren, nach Osten zurück, und die Grenze wurde geschlossen.

Die Truppen in unserer Garnison, die Kompanien, die dort standen – ich erinnere mich nur an die Ulanen –, das alles wurde auf Kriegsfuß gestellt. Und es schlich sich die erregende, schwüle Atmosphäre ein, die ihre Entladung dann im Donner der Kanonaden und in den ersten flotten Ulanenpatrouillen alten Stils fand. Es kamen evakuierte Bauern auf den Wagen, die in einer Strohschütte die Reste der Habe bargen; es kam nach wenigen Tagen der Elendszug jener Sträflinge, welche die russische Stadt Kalisch verteidigt hatten und zuletzt in die Grüfte des Friedhofs dort gezwungen worden waren, um die Verteidigung von dort aus noch fortzusetzen, als die russische Armee selbst die Stadt geräumt hatte. Der zusammengeschmolzene Rest, der von deutschen Truppen gefangengenommen worden war, wurde in unsere Garnison gebracht und auf dem Schießstand dicht vor der Stadt füsiliert, weil man diese Sträflinge nicht als reguläre Soldaten betrachtete. Ich Esel hatte die Leidenschaft, alles das miterleben zu wollen, und es gelang mir auch, nicht gerade zum Heil meiner Seele, denn es stürmten Eindrücke auf mich ein, denen ein Sechsjähriger nicht gewachsen war.

Reinhold Schneider

Welch eine sonderbare, abgesunkene Welt, die der Kindheit in Baden-Baden! Es ist das letzte Jahrzehnt vor dem ersten Weltkrieg. Noch fahren die Viererzüge durch die Allee, oder von den die Berge erklimmenden Straßen ertönen die Hörner der Lakaien herab. Die russischen Fürsten geben Gartenfeste in ihren Villen, zu denen sie von ihren Gütern Männer und Frauen in ihren Volkstrachten kommen lassen. Die Großherzogin Luise, die Tochter Wilhelms I., eine kleine Dame im Witwenschleier mit friderizianischen Zügen, fährt freundlich nickend durch die Straßen, oder sie ergeht sich ohne Begleitung unter den Edelkastanien am Schloßberg... So kreisten die Jahreszeiten, dann und wann von einem verdächtigen Zeichen gestört. Ich weiß nicht mehr, ob der Sturz der uralten chinesischen Monarchie, wohl das bedenklichste Signal, einen sonderlichen Eindruck machte; wohl aber erinnere ich mich an das Entsetzen über das Erdbeben von Messina, an die Aufregungen der Marokko-Krise, und unauslöschlich blieb das Grauen über den Untergang der Titanic. An einem Winterabend erschoß der Karlsruher Rechtsanwalt Hau seine Schwiegermutter vor unserem Garten; die tödlich Verwundete wurde in unser Haus getragen; ich sehe noch immer die blutbefleckte Eck-Causeuse, auf der sie gestorben ist.

Arthur Schnitzler

Meine Großmutter hielt sich, zur Witwe geworden, manchmal für ein paar Tage oder Wochen bei uns im Hause auf; ich erinnere mich ihrer als einer hageren, häßlichen, in grauen Lüster gekleideten Frau, über deren krankhaften Geiz man sich nach ihrer Abreise ehrfurchtslose Bemerkungen erlaubte, und von der ich einmal eine silberne (selbstverständlich von meinem Vater bezahlte) Taschenuhr zum Geschenk erhielt. Am Morgen, da, wenige Jahre nach dem Tode des Gatten, die Nachricht von ihrem Hinscheiden bei uns eingetroffen war, sah ich meinen Vater, den Kopf in die Hände gestützt, in Tränen am Schreibtisch sitzen, was auf mich, der ich ihn vorher niemals hatte weinen sehen, sonderbar, aber eigentlich nicht erschütternd wirkte. [...] Ich selbst bin ein einziges Mal, als fünf- oder sechsjähriger Knabe, für wenige Tage in die Heimatstadt meines Vaters gekommen; – ein Hof mit Hühnern, ein Bretterzaun, in dessen nächster Nähe die Eisenbahn vorbeilief, der in der Ferne verhallende Pfiff einer Lokomotive, das ist alles, was mir von jenem kurzen Aufenthalt im Gedächtnis geblieben ist. [...] Meine Großmutter [mütterlicherseits] Amalia Markbreiter kam noch aus einer anderen, stilleren und einfältigeren Zeit. Sie war eine durchaus bürgerlich erzogene, einfach kluge und tüchtige Hausfrau, ihrem etwas problematischen Ehegemahl die ergebenste und geduldigste Gattin, ihren zahlreichen Kindern eine liebevolle und geliebte Mutter. Aus meinen Kinderjahren erinnere ich mich kaum eines Tages, an dem sich nicht meine Mutter, gleichwie auch die anderen, später verehelichten Töchter, öfters auch Söhne, Schwiegersöhne, Schwiegertöchter in den Abendstunden zu kürzerem oder längerem Verweilen bei ihr eingefunden hätten. Während die Erwachsenen kamen, gingen, plauderten, sich an einem harmlosen Hazard vergnügten, unterhielten sich die Kinder in ihrer Weise mit Lektüre und Spielen aller Art.

Diese Abende im großmütterlichen Heim fließen für mich alle gewissermaßen ineinander; nur einige heben sich heller und festlicher heraus. So vor allem der eine im Jahr, an dem der Versöhnungstag zur Neige ging und man sehnsüchtig nach dem Abendstern ausblickte, dessen Erschimmern am Horizont den Beschluß des Buß- und Fasttages verkündete. Da stand in der Mitte des Zimmers der gedeckte Tisch mit köstlichem, rituell zubereitetem Backwerk reich beladen, «Boles» und Pfefferbretzeln, Mohn- und Nußkindeln, – woran sich auch diejenigen erlaben durften, die nicht seit vierundzwanzig Stunden gefastet hatten, also die Kinder und die freigeistigen männlichen Familienmitglieder; und – mußte man nicht schon bei dieser Gelegenheit an der göttlichen Gerechtigkeit irre werden – gerade die durften nach Herzenslust prassen, ohne die lästige Vorsicht, die den frommen Fastern dringend angeraten war. Übrigens glaube ich, daß die Frömmste, ja vielleicht die einzig wirklich Fromme in der Gesellschaft, die gute Großmama war, die wohl auch den größten Teil des Tags im Tempel betend verbracht hatte; [...] In den sechziger Jahren wohnten meine Großeltern im Carltheatergebäude, so daß meine theatralischen Erlebnisse schon aus diesem äußeren Grunde zu einer besonders frühen Epoche anheben. Das erste, das ich zu berichten habe, wäre allerdings sehr bedingt als ein eigentlich theatralisches zu bezeichnen. Es bestand nämlich darin, daß ich als zwei- oder dreijähriges Kind aus einem Fenster der großelterlichen Wohnung einen Operngucker auf die Straße hinunterwarf. [...] Meine erste persönliche Erinnerung auf theatralischem Gebiete aber ist die an einen Schauspieler in Altwiener Tracht, den ich unter dem Glasdach, auf das ich von dem Hoffenster der großelterlichen Wohnung hinunterblickte, von den Garderoberäumen aus, mit einer Tragbutte auf dem Rücken, zur Bühne hinwandeln sah. Diese Figur wieder fließt für mich zusammen mit einer anderen, die in ähnlichem Kostüm auf den Vorhang des Theaters an der Wien gemalt ist und den berühmten Komiker Scholz vorstellen soll, dessen Urbild also, wenn er damals überhaupt noch am Leben war, durch jenen Garderobengang an meinem Kinderaug geisterhaft vorübergeschwebt sein mag. [...] Aus dieser Zeit, also etwa aus meinem vierten oder fünften Lebensjahr, erinnere ich mich als meines ersten Spielgenossen eines kleinen Grafen Kalman, dessen Vater ein Patient des meinen war. Ich wüßte gewiß nicht mehr, mit welchen Spielen wir zwei kleine Buben uns damals unterhalten haben, wenn mir nicht eine wunderliche Frage, die ich einmal an mein Kinderfräulein stellte, offenbar um ihrer bald erkannten besonderen Unsinnigkeit willen, im Gedächtnis verblieben wäre. Wir hatten unsere hölzernen Soldaten auf dem weißen Kindertischchen in Schlachtordnung aufgestellt, als mir plötzlich einfiel, mich bei dem Fräulein zu erkundigen, welches denn eigentlich die Feinde seien, – die mit den grünen oder die mit den roten Aufschlägen? Das Fräulein gab die Frage mit gleicher Ernsthaftigkeit an die Kalmansche Bonne weiter, die mit größter Bestimmtheit die Roten als die Feinde bezeichnete, worauf ich beruhigt mich entschloß, ob als als Freund oder Feind weiß ich nicht mehr, den Kampf aufzunehmen. [...] Die der Schottenbastei zunächst gelegene grüne Anlage war das sogenannte Paradeis- oder Paradiesgartel, das mir in meiner Erinnerung kaum wie ein wirklicher Garten, sondern eher wie ein bläßliches Aquarell erscheint. Vor mir sehe ich einen grünen Rasen mit Blumenbeeten, zierliche Tische und Stühle vor einem länglichen, weißen Gebäude mit hohen Fenstern; zu Füßen eines weiblichen Wesens, das rechterseits auf einer Bank sitzt, spielt ein Kind in hellem Kleidchen; und irgendwo leuchtet ein roter Sonnenschirm. – Bin ich selbst dieses Kind? Ist das weibliche Wesen meine Bonne? Meine Mutter? Fließt, wie es so oft geschieht, Erinnerung an Erlebtes, an Mitgeteiltes, an ein irgendwo gesehenes Aquarell in ein Bild zusammen? Ich weiß es nicht. Das wirkliche Paradeisgartel verschwand jedenfalls schon in den letzten sechziger Jahren aus der Welt, ebenso die Löwelbastei, auf der es so manches Jahr geblüht hatte.

Wolfdietrich Schnurre

Ich bin 1920 in Frankfurt am Main geboren worden. Mein Erinnerungsvermögen setzt mit drei Jahren ein. Es hat aus dieser Zeit einen Teich festgehalten, in dem gelbe Trauerweidenblätter schwammen. Am Rand stand, unter einem schwarzen Tuch verborgen, ein Fotoapparat. Er hatte manchmal drei, manchmal fünf dürre Beine. Hatte er fünf, war der Fotograf mit unter dem Tuch. Ich schlief in einem Gitterbett, das aufregend nach rostigem Eisen und öligem Werg roch. Neben mir saß ein Teddybär. Er hatte eine Schelle um den Hals, und waren Männer mit Elchgeweihen und Katzen mit brennenden Augen in meinen Träumen gewesen, schüttelte ich den Bären; dann kam mein Vater auf das Klingeln herein und beruhigte mich wieder. Er war sehr viel jünger als ich heute bin, hatte gerade seinen naturwissenschaftlichen Doktor gemacht und fuhr jeden Morgen, eine längs gefaltete Aktentasche, in der die Kaffeeflasche gluckerte, auf dem Gepäcksitz des Fahrrads, in eine Fabrik, die Glühbirnen machte.

Sonntags wurde gewandert. Im Spessart, am Altrhein, im Taunus. Eine von meines Vaters Wanderfreundinnen hatte hinten einen schwarzgebrannten Kochtopf hängen und vorn eine buntbebänderte Klampfe. Sie sang Hermann-Löns-Lieder, trug Haarschnecken auf beiden Ohren und einen Metallreifen über dem Scheitel; sie konnte einen hervorragenden Apfelbrei kochen. Ich war häufig krank damals und sehr oft in Heimen. In Hirschhorn am Neckar umsorgten mich Nonnen. Sie hängten mir ein Laken über den Kopf, in das ich hineingemacht hatte und ließen mich von den anderen Kindern verhöhnen. Im Allgäu später war es dann schöner. Dort lebte ein geistesschwacher Mann mit im Heim, der fallsüchtig war und wunderbar Ziehharmonika spielte. Wir weinten immer, wenn er seine Krämpfe bekam. Als mich dort mein Vater besuchte, wurde ihm zu Ehren die Kapellenglocke ge-

läutet. Er war Bibliothekar geworden inzwischen, aber es ge-
fiel ihm nicht mehr in Frankfurt; mit einer neuen Freundin
zusammen, die Malerin war, zogen wir um nach Berlin.

Rudolf Alexander Schröder

Es ist sonderbar: ich habe das Schicksal gehabt, während meiner Kinderjahre und auch später, solange es noch ein Vaterhaus gab, in verschiedenen ländlichen Aufenthalten, in schönen und geräumigen Gärten für eine Weile heimisch zu sein; gerne denke ich ihrer aller: aber bei keinem meldet sich mein Herz mit rascherem Pochen, als bei dem Gedanken an jenen ersten, engsten und unergiebigsten dieser Gärten, an keine seiner Einzelheiten darf ich mich ohne Sehnsucht erinnern, nicht an die Pyramideneiche, die von der Mitte her königlich aufstrebend fast seine halbe Breite füllte, nicht an die große, schattige Eschenlaube, deren nachmalige Wiederholung in unserm Landgarten mir doch nur immer als eine mißglückte Kopie erschienen ist, nicht an jenes zarte Rankgewächs – es muß eine zwergige Spielart des Kaprifolium gewesen sein –, das an einem Rosenhochstamm rankend sich der besonderen Liebe meiner Mutter erfreute, oder an die Rhabarberstaude, deren strotzende rote Blattknospen der Vater uns im ersten Frühjahr als ein Sinnbild der ins Licht verlangenden Kräfte des Erdinnern zu zeigen pflegte. – Veilchen und Immergrün, die liebliche blaue Vinca minor, meiner Mutter Lieblingsblume, gab es an schattigerer Stelle; und gegen Frühling sproßten im Vorgarten zwischen den Ilex und Tuja im Schutz der bis an die Straße vordringenden, efeubewachsenen Wand des Nachbarhauses die Maiglöckchen.
Aber auch andere, dramatischere Bilder steigen, während ich unsres Gartens gedenke, vor mir auf. Wir spielen Indianer. Der weiße Mann ist an einen Baum gebunden, nach allen Regeln der Kunst skalpiert und von zahllosen Geschossen durchbohrt. Verendet, eine jammervolle Leiche, hängt er am Marterpfahl. Ich, dem siegreichen Stamme der Sioux angehörig, schleiche mit dem katzengleichen Schritt der Rothäute herzu und – – verderbe in dem Bestreben, die Illusion auf die

Spitze zu treiben, den ganzen Effekt, indem ich an den «Toten» herantrete, ihn beschnüffle, und mich umwendend in wohldosierter Mischung von Siegerstolz und Abscheu ausrufe: «Er stinkt schon.» Hohngelächter der Älteren und unauslöschliche Schande belohnen diesen ersten Versuch, Dichtung als Wahrheit zu behandeln. Ein anderes Bild: ich wälze mich auf dem sonnigen Rasen und tolle mit unserm Hund. «Schnauz» war sein Name; und ein Schnauzer war er auch der populären Terminologie nach. Aber mitten im Tollen und Spielen halte ich inne und ziehe den vierbeinigen Gefährten wehmutsvoll an meine Brust; denn plötzlich war mir klar, daß all meine Liebe und Zärtlichkeit ihm nicht zu helfen vermöge gegenüber der Tatsache, daß er keine unsterbliche Seele besitze. Denn hierüber lauteten die Instruktionen meiner Kinderjahre knapp und eindeutig. Tiere waren nützlich oder schädlich. Dieser hatte man sich zu erwehren oder sie nach Gelegenheit auszurotten, jener bediente man sich zu seinen Zwecken, dankte dem Schöpfer für ihr Dasein und behandelte sie, solange sie «mit dabei sein» durften, mit gelinder Strenge. Im übrigen gehörten sie wie Gestein oder Gepflänz der Materie an, aus der von allem sichtbaren Geschöpf allein der Mensch sich zu seiner fragwürdigen Wanderung gegen die ewige Seligkeit oder die ewige Verdammtheit erhob. – Die naive Grausamkeit solches Weltbildes sollte mir allerdings in diesem meinem Kindheitsgarten noch drastischer vor Augen geführt werden.

Eines Tages entsprang ein schon enthaupteter Hahn, der erste, dessen Schlachtung ich grausend und protestierend beigewohnt, dem Messer der Köchin und lief aus der Waschküche, in der die Opferung stattgefunden, zu meinem zitternden Entsetzen, kopflos wie er war, durch die offene Tür in den Garten hinaus. Und später einmal in einer verschwiegenen Ecke desselben Gartens zeigte mir mein älterer Bruder, wie man der arglosen Taube in der Hand den zum Verderben vorbestimmten Hals umdrehe. Ich gestehe, daß mir zeitlebens die gesunde Mordlust ermangelt hat, die den meisten Knaben, vor allem auf dem Lande, derartige Hinrichtungen und Schlachtfeste als ein begehrenswertes Schauspiel erscheinen läßt. Zwar hat mich mein Abscheu gegen jede Art von Blutvergießen nicht zum Vegetarier zu machen vermocht, und ich muß den Vorwurf der Inkonsequenz, den solche Haltung nach sich ziehen mag, auf mich nehmen. Aber es sei drum, ich halte es in dieser Beziehung mit einem Bekannten, der mir einmal erzählte, er habe auf die Frage, ob er denn nicht Jäger sei, geantwortet, er schlachte auch nicht selbst.

Aber es ist so, der Mensch verwöhnt sich gern und bildet sich gern mehr ein, als er wert ist. Gäbe es ein Gesetz, nach dem man nur Fleisch essen dürfte, das man selber hätte schlachten helfen, so würden wahrscheinlich die Pflanzenesser sich bedeutend vermehren.

Indem ich die Bilder und Erlebnisse überdenke, die ich soeben in raschem Zuge niedergeschrieben, und die unzähligen andern aus dem gleichen Gartenraum der ersten Kinderjahre, die ich ewiger Vergessenheit überantworte, indem ich sie nicht aus der Feder lasse, fällt es mir aufs Herz, wie wenig der Mensch, auch der Schreibende, auch der Dichter imstande sei, von den Geschehnissen und Erfahrungen nur seines eigensten Erlebens und Gewahrwerdens und den unabsehbaren und unentwirrbaren Gedankenreihen aufzubewahren, die sich an jedes solches Erleben knüpfen. Auch der, der sich bemühen würde, die Ereignisse nur eines einzigen Tages lückenlos aufzuzeichnen, würde doch nicht mehr zustande bringen als ein grobes und weitmaschiges Garn, in dem der bare Zufall dies oder jenes hängen bleiben ließ.

Nun kann man freilich sagen, der Mensch mache alle ausschlaggebenden Erfahrungen seines Lebens im Grunde nur einmal, und mit jeder Wiederholung stumpfe sich der Stachel der Lust oder des Widerwillens ab, bis er dann zuletzt nur noch in der Erinnerung an jenes erste Erlebnis fühlbar bleibe. Aus dieser Einmaligkeit und Unvergleichlichkeit, aus dieser symbolischen Bedeutung alles ersten Erlebens erklärt es sich denn vielleicht auch, daß die Schilderung gerade der typischen Kindheitsvorgänge immer wieder bereitwillige und begierige Leser findet. In ihnen sich spiegelnd und mit ihnen sich vergleichend wird unter Umständen unser eigenstes Wesen seiner selbst mit deutlicherer und rührenderer Ergriffenheit gewahr als in andern Geschichten und Gedichten.

Ina Seidel

Die ersten Eindrücke, die zu Erinnerungen wurden, sind für mich mit dem großen Kinderzimmer jener ersten Adolphstraßenwohnung verknüpft, einem hellen, sonnigen Zimmer, dessen Fenster merkwürdig hoch in der Wand saßen, wie es mir scheinen will. Aber diese Vorstellung hängt wohl damit zusammen, daß ich selbst noch sehr klein war, als ich aus diesen Fenstern hinauszuschauen begehrte. An der einen Wand, den Fenstern gegenüber, stand die große alte Thüringer Bauerntruhe, auf deren mit Wachstuch bezogenem Deckel wir beim Waschen und Ankleiden saßen; ich erinnere mich deutlich daran, wie der kleine Bruder nach dem Bade dort abgetrocknet und auf die Waage gelegt wurde.

Verwandte Erinnerungen aus jenen frühen Tagen gibt es viele, unzusammenhängend, aber farbig aus dem Dunkel der Vergangenheit hervorbrechend, gleich den Bildern einer Zauberlaterne, die auf dem leeren weißen Tuch aufleuchten. Es würde zu weit führen, sich hier in Einzelheiten zu verspinnen, worauf es ankommt, ist nur dies, daß ich glaube, schon sehr früh des eigenen Lebens bewußt gewesen zu sein, denn weniger das Spiegeln als das Bewahren von Eindrücken setzt Bewußtsein voraus. Als besonders lebendig und irgendwie von Wichtigkeit erscheinen mir innerhalb meiner ersten vier Lebensjahre folgende kleine Erlebnisse, die ich erzählen will, nicht weil ich sie an und für sich für wichtig halte, sondern weil sie mich in einer Weise erregten, die ich noch heute nachfühlen kann. So begleitete ich einmal meine Mutter hinauf in die Bodenkammer, wo sie eine Truhe öffnete, um etwas herauszunehmen. Als sie so gebückt stand oder kniete, fiel der Deckel nieder, und die eiserne Kramme des Schlosses verletzte sie am Hinterkopf, nicht schlimm, aber doch so, daß sie eine kleine Wunde davontrug. Der Anblick des Blutes, das durch die Haare hervorquoll, erschreckte mich tief, und ebenso war es, als ich wenig später einmal meinem Bruder bei einer unserer Balgereien mit einem Schuhknöpfer, den ich gerade in der Hand hatte, eine Schramme beibrachte. Der rote Kratzer, der sich plötzlich auf seiner glatten Haut zeigte, erschütterte mich so, daß ich selbst mir als die Verwundete vorkam. Heute glaube ich, daß es die Offenbarung der innerhalb der runden, geschlossenen Erscheinung verborgenen Lebensquelle war, die mich ähnlich verwirrend berührte wie der erstmalige Anblick eines an der Mutterbrust trinkenden Kindes, den ich dreijährig hatte, als ich mit den Eltern zur Taufe eines kleinen Vetters bei Verwandten in Gießen war. Ich bringe diesen Eindruck nicht willkürlich mit dem Erlebnis des fließenden Blutes zusammen, denn unzertrennlich verknüpft mit dem Anblick der stillenden Amme ist die Erinnerung an eine kurz vorher stattgehabte festliche Mahlzeit, bei der es einen auf englische Art nur leicht gebratenen, blutigrohen Rindsbraten gegeben hatte, den ich nicht ohne Schauder auf meinem Teller sah. Da ich auch später nie zu den Kindern gehörte, die «kein Blut sehen können», so ist die Annahme, daß es sich hier um erste aufschlußreiche Erfahrungen handelte, gewiß nicht falsch.

Carl Spitteler

Tag und Nacht, immer von neuem Tag und Nacht – wozu? Auf allen Seiten ungeheuerlich viele Dinge, die einen nichts angehen – wofür? Doch aus dem wüsten Wirrsal taucht zu Zeiten ein holdes Gesicht, und so oft das Gesicht nahe kommt, wird einem wohl. Jetzt braucht man nicht mehr zu wissen, warum, fragt überhaupt nicht mehr nach etwas anderm. Dieses Gesicht wurde mir lieb, und mit der Zeit, als ich anfing, Worte zu verstehen und nachzulallen, lehrte man mich seinen Namen: «Großmutter».

Man kann heißer und leidenschaftlicher, aber nicht inniger und seliger lieben, als ich in meinem ersten Lebensjahre meine Großmutter liebte. Eine ruhige, stetige Liebe ohne Trübung, glücklachend, herzjauchzend, mit selbstverständlicher Gewißheit der Gegenliebe, eine Liebe, frei von Wünschen und Seufzern, von Werbung, Versteckspiel und Verschweigen. Lauter Gewinn: Trost, Labsal und Erquickung.

War die Großmutter leiblich zugegen, so liebkoste ich sie. Doch nicht etwa mit Küssen – pfui! was haben nur die Großen ewig mit ihrem dummen Küssen! –, sondern mit zärtlichen Händen das traute Gesicht betastet, einerlei wohin, auf den Mund, auf Stirn und Augen, auf die unvergleichlichen runzligen Backen. Es kam vor, daß sie mürrisch dreinschauen, schmälen, schelten wollte. Warum nicht gar! Strenge aus diesem Munde? Das nahm ich gar nicht ernst, das lachte ich einfach weg.

Vielleicht noch glückstiftender wirkte die abwesende Großmutter. Ihr Name, der alles Gute enthielt, vergoldete meine Träume, versüßte mir Feld und Flur. Fremd und kalt glotzte mich die Umwelt an; ein Aufleuchten der Vorstellung von der Nähe der Großmutter, so war das Gelände entsühnt, gesegnet, verwandt.

Es war eine treue Liebe; zehn Jahre hat sie ungemindert vorgehalten, allmählich durch Hinzukunft der Sehnsucht sich sogar noch steigernd, und als sie später nachließ, lag die Ursache nicht an mir. Die größte Bedeutung aber hatte sie für mich am Lebensanfang. Denn in meinem ersten Jahre bedeutete mir die Großmutter mein Glück, meine Poesie, mein verklärtes Ich.

Wenn ich gegen Ende meines ersten Lebensjahres, also etwa nach meinem erstmaligen Ausflug nach dem Steinenbrücklein auf dem Arm der Großmutter, gestorben wäre, so würde ich dort, von wo ich herkam, während man in Liestal ein kleines Kind mehr begrub, den Mund zum Erzählen weit aufgemacht und nach einem langen tiefen Atemzug Unerschöpfliches davon zu berichten gewußt haben, was ich alles auf der Erde Erstaunliches gesehen und erlebt. Und hätte man mich dann geheißen, den Inhalt meiner irdischen Erlebnisse zusammenzufassen, so würde ich gesagt haben: «Viel Gras und Liebe».

Ich zweifle, ob ich in meinem ganzen späteren Leben wesentlich Neues dazu erlebt habe.

Wenn mich aber jemand fragte: «Wann in deinem Leben warst du am meisten Ich? welches deiner Ich in den verschiedenen Lebensstufen geht dich am nächsten an? welches davon würdest du bekennen, falls du wählen müßtest?» – so würde ich antworten: «Das meiner frühesten Kindheit».

Theodor Storm

Wann oder wie das «Ich» in mir zum Bewußt-
sein kam, darüber weiß ich so wenig wie andere zu berichten.
Meine erste Erinnerung mag sein, die mir dann und wann
noch wie ein dunkles Bild aufsteigt, daß ich einmal nachts
mit meinem Vater in einem Himmelbette geschlafen, daß er
mich – was sonst nicht in seiner Art lag – dabei zärtlich umarmt, daß ich mich aber vor der Bettquaste über mir gefürchtet habe. Es war das erstemal, daß mich das Grauen berührte.
Das Bett stand in dem schönen, hohen, mit Stuckwänden und
solchen Decken versehenen Saal, dessen zwei Fenster nach
dem Garten hinaus lagen; und zwar an der rechten Seite. Es
müßte etwa bei oder nach der Geburt der um 2¼ Jahre jüngeren, vor über einem Menschenalter schon verstorbenen
Schwester gewesen sein. Aber weder Vater noch Mutter haben es mir, wenn ich darum fragte, später zu bestätigen vermocht. Doch, was ist es denn gewesen? –
Bestimmt aber sehe ich mich in der Wochenstube an einem
Tischchen dem Bette meiner Mutter gegenübersitzen und
eine Hagebuttensuppe mit den Früchten auslöffeln, welche
ihr von der Urgroßmutter, der Senatorin Feddersen, geschickt war. Ich weiß, daß derselbe Tisch jetzt nachts vor
meinem Bette steht.

Margarete Susman

Die seltsame Schönheit meiner Geburtsstadt ist mir immer in Erinnerung geblieben. Ich erinnere mich deutlich der Spaziergänge mit meiner Mutter oder dem Kinderfräulein durch den Harvestehuderweg: auf der einen Seite die eleganten Villen mit den abhängenden großen Rasenflächen und den sorgfältig gepflegten Teppichbeeten, auf der anderen Seite ein leerer Raum, von dem ich erst kürzlich erfahren habe, daß es die tiefer gelegene Alster war, die ich als Kind von der anderen Seite her nicht sehen konnte und die den Weg bis in die Stadt hinein begleitet. Hamburg – es gehört dazu auch die weite Elbe, die unmittelbar in das Meer hinausführt, der Duft und die Nähe des Meeres, das Schreien der Möwen über der Stadt.

Ich bin schon sehr früh von dort weggekommen und habe die Stadt nur einen Tag, kurz vor der Machtergreifung Hitlers, wiedergesehen. Ich sah auch das schöne große Haus wieder, in dem ich geboren wurde und das wir – was heute kaum faßlich erscheint – zu viert mit drei Dienstboten bewohnten. Von den Räumen meines Elternhauses erinnere ich mich nur an die, in denen ich ein entscheidendes Erlebnis hatte. Von diesen Erlebnissen sind mir viele als ein Ausdruck ständigen Fragens und Suchens, Unverstandenes zu begreifen, in Erinnerung geblieben. Einige von ihnen möchte ich hier festhalten, weil sie für mein späteres Leben entscheidend gewesen sind.

Aus jener frühesten Zeit ist mir geblieben, daß ich mit vier Jahren mein erstes Gedicht geschrieben habe, das ein einfaches kleines Lied und an meine Mutter gerichtet war. Aber schon zwei Jahre darauf schrieb ich ein Gedicht, das mir in all seiner Kindlichkeit noch heute für mein ganzes Leben bezeichnend erscheint:

DAS BRÖTCHEN

In einem Bäckerladen
Lag ein kleines Brot,
Daneben stand der Bäcker
Und schnitt das Brötchen tot.
Da schrie das kleine Brot
Und war in großer Not.
Allein da half kein Flehen,
Es mußte so geschehen.

Da nahm es einer untern Arm,
Da saß es wenigstens recht warm.
Er trug es in sein Haus hinein,
Da fing das Brötchen an zu schrei'n,
Er steckt es in den Mund,
Gleich fuhr es in den Schlund.
Nun saß es in dem Magen
Und konnte nichts mehr sagen.

Es erscheint mir noch heute, als läge schon ein Wissen um die Grausamkeit des Schicksals darin. Diesem Wissen entspricht ein fast gleichzeitiges Erlebnis: Ich stehe an einem der hohen Fenster unseres Kinderzimmers, an das mir – da ich es bald verlassen mußte – gewiß keine Erinnerung geblieben wäre, wenn nicht dieses frühe starke Erlebnis es für immer in mein Bewußtsein eingegraben hätte. Ich sehe die schwarzen Vorhänge mit den großen roten Blumen, die längliche Form des hohen Zimmers, an dessen einem Fenster ich stand, und ich fühle noch heute das bittere Elend, das damals mein Kinderherz erfüllte. Ich hatte eben vorher in einem Streit meine Schwester mit einer Puppe an den Kopf geschlagen, und nun stand sie im Zimmer hinter mir und weinte, und meine Mutter tröstete sie zärtlich. Ich fühlte mich trostlos und verlassen, und aus diesem schmerzlichen

Verlassensein stieg die Frage in mir auf: «Ist das, was jetzt in mir ist, wohl Mitleid?» – eine Frage, die ich – da sie nach dem Wesen einer mir nahen und doch verborgenen Wahrheit fragte – vielleicht die erste philosophische Frage meines Lebens nennen möchte. Dieses Elend war natürlich nicht Mitleid, sondern Reue und das Gefühl des Ausgestoßenseins. Aber das Wort Mitleid, das ich damals noch nicht verstand, mußte mich schon oft aus Gesprächen der Erwachsenen getroffen haben, und dies ist sicher kein Zufall gewesen. Denn auch heute noch erscheint mir das Mitleid als eines der schwersten Probleme des Menschenlebens, sowohl im Einzelnen wie im Sozialen. Denn so sicher das Wort Mitleid zu unserem Leben gehört, ist es doch das Seltenste und Schwerste, weil es nur da ganz wirklich ist, wo ein Mensch ganz in das Leben eines anderen einkehrt, während ihm doch durch sein eigenes Dasein eine unüberschreitbare Grenze gesetzt ist. Dies alles wußte ich damals noch nicht, aber durch den frühen Schmerz streifte ich an eine der Wurzeln meines Lebens, die des Mitlebens überhaupt.

Maria Waser

Von den Erlebnissen meiner Urzeit soll nun die Rede sein, obschon das abgleitende Wort sie kaum zu fassen vermag; denn sie kommen aus einer anderen Region als der, darin Worte Geltung haben. Dies wird mir gleich beklemmend bewußt beim Versuch, von meinem frühesten Erlebnis zu berichten. Denn der äußere Hergang scheint ein Nichts, und zu sagen ist bloß dieses: Als ich vom Tagschlaf erwachte, sah ich im offenen Fenster zwei junge Mägde, die vom Garten her zu mir hereinschauten. Sie standen Arm in Arm. Die eine, schmächtigere, hatte einen glatten dunkeln Scheitel, die andere, fülligere, ein flirriges Kraushaar rund ums Gesicht, und beide nickten und lachten, und alles war voller Sonne. Die machte das Blattwerk oben im Fenster funkelgrün und das Flimmerhaar ganz goldig. So ist das Bild bis heute in mir stehengeblieben.

Ich muß damals noch sehr klein gewesen sein; denn ich lag im ersten Bettchen, das zwar keine Wiege war, aber mit seinen Gitterchen, hellblauen Polstern und großem weißem Vorhang eine solche ersetzte. Und es stand noch im Schlafzimmer der Eltern, was nur in der ersten Zeit der Fall war, und als ich später meiner Mutter den Vorgang erzählte, erkannte sie aus meiner Beschreibung gleich die beiden Mädchen und stellte fest, daß das eine, das dunkle Änneli aus dem Oberland, uns schon in meinem zweiten Lebensjahr verließ.

Warum aber diese an sich unwichtige Begebenheit sich mir unverlierbar einprägte, verrät das Gefühl einer übermächtigen, alle Glieder durchjagenden Freude und eigentlichen Seligkeit, das die Erinnerung für alle Zeiten mit diesem Bild verbindet. Die Häufung von so holden Dingen wie Sonne, lachende Gesichter, goldiges Haar, die mich bei plötzlichem Aufwachen aus stärkendem Schlaf überfielen, muß eine Erschütterung hervorgerufen haben, die mich fähig machte zu

einem der wichtigsten Erlebnisse meines Daseins; denn sollte
ich das, was mir damals geschah, in Worte fassen, dann müßte ich sagen: Es ward Licht. Daß aber der Einbruch des Lichtes zusammentraf mit dem Aufbruch der Freude, das wurde
zu einem Fingerzeig für mein ganzes Leben; denn ob ich
auch nach diesem seltsam vorgreifenden Erlebnis wieder der
dumpferen Verfassung verfiel und obgleich in der Erinnerung meiner ersten Lebenszeit die dunkeln Stuben den Vorrang haben, für die Geschichte meines bewußten Daseins gilt
doch der Satz: Am Anfang war das Licht, und das Licht war
Freude. Und für mein ganzes Leben blieben sie untrennbar
beisammen: Licht, Freude, Erwachen; denn immer hieß
wahre Freude das Erwachen zu einem helleren Zustand. Und
wenn man ein Leben von dieser Seite her betrachtet, gleicht
es nicht einer Blume, die den Becher ihres Kelches dem stei-
genden Lichte mit wachsender Weitung immer verlangen-
der entgegenbreitet? Jede wahre Freude macht uns weiter
und freudenfähiger, und doch, von den unendlichen Freuden, die in den Becher meines Daseins fielen, hat keine mich
mächtiger durchschüttert und nachhaltiger gesegnet als dieses erste Erwachen zur Sonne, zur Sonne des Himmels wie
des menschlichen Antlitzes.
Daß das Maß unserer Freude weniger durch das sie erregende
äußere Ereignis als durch die Art der inneren Erregung bestimmt wird und also in erster Linie von unserer seelischen
Verfassung abhängt, verrät die Erinnerung schon durch mein
zweites Lichterlebnis, das weit hinter dem ersten zurück-
bleibt, obschon man dessen äußeren Anlaß wohl als den be-
deutenderen beurteilen würde. Oder sollte man nicht glauben, daß der Lichterglanz des Tannenbaumes und alles, was
um einen solchen an Jubel geschieht, eindrucksvoller wäre
als ein offenes Fenster, zu dem mit der Nachmittagssonne
zwei Mägde hereinschauen? Besonders, da auch jenes andere
Erlebnis mit jähem Aufwachen aus dem Schlafe verbunden
war; denn damals brannte bei uns der Lichterbaum am dunkeln Neujahrsmorgen. Er hatte mit dem Christfest so wenig

zu tun wie das Neujahrskindlein mit dem göttlichen Kind in
der Krippe, war es doch eine holde goldhaarige Fee und gehörte, wie sein Knecht, der Neujahrsmutti, zum Wald- und
Märchenzauber einer versunkenen und doch in den Tagen
der Sonnenwende immer wieder aufwachenden urfernen
Zeit. So begannen wir in meiner ersten Kindheit das neue
Jahr früh um sechs Uhr mit Lichterglanz, Geschenken und
Jubel, und als dann später auch bei uns das Fest in die heilige
Zeit vorgeschoben und der Tannenbaum zum Christbaum
wurde, entstand in mir eine heillose Verwirrung, die sich bis
zur Stunde nicht gänzlich geklärt hat und Schuld trägt an
einem quälenden Gefühl von Unaufrichtigkeit und inneren
Schiefheiten, das für mich von unserem heutigen Christfest
nicht zu trennen ist.

Merkwürdigerweise ist es nun nicht der brennende Baum,
der sich mir am stärksten einprägte, und doch muß ich damals schon älter gewesen sein als bei dem Sonnenerlebnis;
denn ich schlief bereits im Kinderzimmer, und das Eindruck-
vollste an der Sache war, wie auf einmal, mitten in der Nacht,
die Glastüre gegen die Wohnstube hell wurde und sich öffnete, wie man mich aus dem Bettlein hob und mich, warm
eingewickelt, durch die Wohnstube nach dem Mittelzimmer
hinübertrug, wo alles in einem ungeheuren Glanze war. Damit aber bricht die Erinnerung ab, und ich sehe den Baum
erst, als er erloschen und glitzernd in der taghellen Stube
stand in einem lustigen Gärtlein, und höre, wie da auf einmal
ein großes Gelächter ausbrach, weil man entdeckte, daß
überall an den zutiefsthängenden Gutsli der Einbiß meiner
Zähne sichtbar war. So zerging jenes Erlebnis, das mit einer
großen, fast schreckhaften Erwartung begann, in einer Be-
schämung. (Gibt es für ein Kind Schlimmeres als ausgelacht
zu werden? Und glaubt nur nicht, daß ein Zweijähriges das
noch nicht fühle!) Von Freude weiß meine Erinnerung an
jenes erste bewußte Neujahrsfest wenig.

Dafür hat sie mir aus jenen Tagen ein Erlebnis aufbewahrt, das
ich zu den sinnbildhaften meines Daseins rechnen muß.

Ganz deutlich steht es da: Ein Winterabend. Wir Schwestern allein mit der Mutter. Die Wohnstube von der Lampe rötlich erhellt, vom Ofen her Geruch von brennendem Torf – auf alle Zeit sollte der warme wogende Geruch mit dieser Stunde verbunden bleiben! Ich sitze auf dem Schoß der Mutter. Sie hält mich ganz warm rundum, und mein Kopf ist an ihre Brust gebettet. Sie erzählt uns eine Geschichte. Ich verstehe nichts davon. Ich höre nur ihre Stimme. Ich höre sie nicht nur, ich fühle sie durch und durch; denn sie kommt mit den weichen Wellen des Atems unmittelbar aus ihrer Brust. Ja, sie erfüllt diese Brust mit einer tiefen Musik. Ein tiefes goldbraunes Orgeln wiegt mich hin und her, hin und her, hüllt mich ganz ein. Oh, rundum geborgen, ganz aufgehoben, ganz umschlossen – was für eine unsägliche Wonne muß es gewesen sein, daß ich diese Erinnerung heute, nach einem langen Leben, so wenig wie in tausend Malen, da sie sich meldete, ohne tiefe Schauer der Seligkeit ertragen kann! Und ohne einen stechenden Schmerz um zu früh Verlorenes, ohne die Schwermut der Unwiederbringlichkeit. Denn wie ich so dalag, eingeschmiegt in den lebendigen Rhythmus der warmen Stimme und von Wonne ganz umsponnen, da geschah auf eins ein gewaltiges Poltern an der Tür, diese sprang auf, und herein trat, in einem bösen kalten Luftzug, ein gewaltiger Mann in weißem Mantel mit langem, weißem Bart. Barsche Worte tönten, und plötzlich öffnete sich ein bunter Sack, und mit ungeheurem Lärm ergoß sich ein Strom von Nüssen, daß sie hoch aufsprangen und weithin unter Tisch und Stühle rollten, und die Schwestern rannten ihnen jubelnd nach. Und als gleich nach dem Verschwinden des weißen Mannes der Vater erschien, war es ein großes Bedauern, daß er gerade zu spät kam, und er wunderte sich sehr und fragte viel – mit einer Stimme, die auf einmal Angst machte, weil sie der eben vernommenen des weißen Riesen so glich –, und während die größere Schwester die Nüsse sammelte, erzählte die kleinere immer und immer wieder, sie habe dem Neujahrsmutti seinen fürchterlichen Bart berührt, mit dieser Hand da den Bart angerührt! Und es war ein großer Jubel wie bei sieghaften beschenkten Menschen. Und ich? Habe ich mich gefürchtet? Habe auch ich Nüsse aufgelesen und mitgekreischt und miterzählt? Ich weiß nur noch, daß ich plötzlich aus meiner goldenen Welt herausgerissen und in eine kalte, lärmende Öde gestellt wurde und daß mir davon ein Leid geschah, ganz innen, den anderen nicht vernehmlich, aber so grausam, wie man es bei einem kleinen Kinde nicht für möglich halten würde.

Ich glaube, damals erfuhr ich mit aufbrechendem Bewußtsein, was uns allen unbewußt geschieht in der Stunde der Geburt, wenn wir aus der warmen Geborgenheit hinausgeworfen werden in Lärm und Unordnung des Tages, aus der ruhenden mütterlichen in die aufstörende Vaterwelt. Wenn ich aber mein Dasein überschaue, dann erscheint mir jenes Erlebnis gar als ein Vorspiel und Omen; denn ist es mir nicht immer wieder und wieder geschehen, daß ich aus der Geborgenheit verfrüht und grausam herausgerissen wurde, und wie manche Freude fand ihr schlagflüssiges Ende! Zwar geht es allen Menschen so, daß das Schöne zu früh endet; aber dieses stets sich erneuernde plötzliche Abbrechen, ich habe es bei andern so selten beobachtet wie dieses unbezähmbare, nie gestillte Verlangen nach Ruhe und ausklingendem Verweilen. Lag solches im Plan des Schicksals? Dann ist wohl mein eigenes Wesen schuld daran, das solche Erziehung nötig machte. Oder muß man es als Gnade des Schicksals ansehen, wenn es einem den Becher verfrüht vom Munde reißt? Von dessen schaler Neige bleibt man verschont.

Aber dies ist gewiß: Keine tiefste Seligkeit erlebte ich, die nicht jener wonnigen Stunde, kein Leid, das nicht jenem Abbruch und Überfall glich, nicht vieles, was jenes Erlebnis übertraf an Macht der Wonne und des Schmerzes.

Von außen warf mir das Schicksal diese beiden eingreifenden Erlebnisse zu, Einbruch des Lichtes, Einbruch der Unordnung.

Peter Weiss

In den tiefsten Schichten der Wandlungen, die
dieses Heim durchlaufen hatte, lagen Räumlichkeiten, in denen ich aus mythologischem Dunkel zum ersten Bewußtsein
erwachte. Ich stand im unteren Flur des Hauses und blickte
abwechselnd durch eine der roten und eine der blauen Scheiben der Glastür in den Garten, wobei das Gesträuch, der
Birnbaum, der Kiesweg, der Rasenplatz und die Laube einmal in feuriger Glut erschienen und dann wieder in unter-
seeischer Gedämpftheit. Ich war bei diesem Ausblick in meinen Grundzügen schon fertig geformt, und nur wenn das
Beobachtende und Kontrollierende in mir ermüdet und mein
Bewußtsein den Halt verliert, steigen die Impulse aus der
frühsten Epoche meines Lebens in mir auf, im Halbschlaf,
im Traum, in Perioden des Niedergangs, erlebe ich wieder
die Hilflosigkeit, das Ausgeliefertsein und die blinde Aufleh-
nung aus jener Zeit, in der fremde Hände mich bändigten,
kneteten und vergewaltigten. Als meine Mutter mir einmal
erzählte, meine ersten Worte seien gewesen, was hab ich für
ein schönes Leben, was hab ich für ein schönes Leben, hörte
ich daraus den Klang von etwas Eingelerntem, Papageien-
haftem, mit dem ich meine Umwelt unterhalten oder verhöhnen wollte. Wie ein böser Geist war ich in dieses Heim
gekommen, in einer Blechbüchse liegend, von meiner Mutter
getragen, empfangen von wilden Kesselschlägen, vom be-
schwörenden Geschrei meiner Stiefbrüder. Am Rand eines
Teichs hatte meine Mutter mich gefunden, zwischen Schilf
und Störchen. Das erste Haus weist große, blinde Flecken
auf, ich kann den Weg durch dieses Haus nicht finden, ahne
nur Stufen einer Treppe, ahne den Winkel eines Fußbodens,
auf dem ich fettig abgegriffene, rotbraune Holzhäuschen auf-
baue und grüne Schanzen, ahne einen kleinen Lastwagen,
mit Modellkisten gefüllt, und der Gedanke an diese Kisten
verursacht ein dickes, schweres Gefühl im Gaumen, ahne

Briefmarken, die ich vor mir ausbreite, rosa und hellgrüne Briefmarken mit dem Gesicht eines Königs mit gezwirbeltem Schnurrbart, und meine älteren Brüder stürzen herbei und schreien, und die Mutter kommt und schreit und fegt die Briefmarken zusammen und wirft sie ins Ofenfeuer. Und da ist die Kante eines Kachelofens und die Lehne eines Sofas, und ich sitze auf der Lehne des Sofas und einer meiner Brüder kitzelt mich, und ich falle rücklings an die Kante des Kachelofens und schlage mir ein Loch in den Kopf, und aus einer Flasche schüttet man eine Flüssigkeit in das Loch in meinem Kopf, und mein Kopf schäumt, und alle Weisheit rinnt aus meinem Kopf. Ich ahne einen Raum, der ist grün, der Fußboden grün, die Tapeten grün, die Gardinen grün, und ich sitze auf einem erhöhten Porzellangefäß von der Form einer Gitarre, und meine Mutter steht hinter mir und drückt ihren Zeigefinger tief in meinen Steiß oberhalb des Afters, und ich drücke, und sie drückt, und alles ist grün, und die Straße draußen ist grün, und die Straße heißt Grünenstraße. Die Straße im grünen Abendlicht war voll vom Rollen der hoch mit Fässern beladenen Wagen, die Hufe der schweren, zottigen Pferde schlugen Funken aus den Pflastersteinen, die Kutscher schnalzten mit der Zunge und ließen die Peitsche knallen, und von den Brauereien her schwelten die Wogen eines schweren, süßen Geruchs. Schmal und eingeklemmt zwischen Packhäusern und der Mauer eines Fabrikhofs lag unser hochgiebliges Haus, auf dessen Dachfirst ich mit dem Mond um die Wette ritt, und von dessen Schornstein ich mit einem Satz in den Himmel sprang. Einmal kam ein Mann über unser Dach geklettert, es waren Unruhen in den Straßen, und...

Flüsternd rufe ich mich an mit meinem eigenen Namen, und erschrecke mich damit, es ist als käme der Name weit von außen her auf mich zu, aus der Zeit in der ich noch formlos war. Und dann fühle ich die rasende, ohnmächtige Wut, das Antoben gegen etwas Unangreifbares, gegen etwas unendlich Überlegenes, und dann wird mein Gestammel von einer unsichtbaren Hand erstickt. Da ist das Gesicht meiner Mutter. Ich flog zu diesem Gesicht empor, gehoben von ihren Armen, die alle Räume durchmessen konnten. Das Gesicht nahm mich auf und stieß mich von sich. Aus der großen, warmen Masse des Gesichts, mit den dunklen Augen, wurde plötzlich eine Wolfsfratze mit drohenden Zähnen. Aus den heißen, weißen Brüsten züngelten, wo eben noch tropfende Milchdrüsen waren, Schlangenköpfchen hervor. Früher als das Gesicht waren die Hände da. Sie packten mich, rissen mich in die Höhe, schüttelten mich, sprangen mir an die Ohren und ins Haar. Alles dröhnte und wogte um die Gestalt meiner Mutter. Ich versuchte, ihrer Gewalt zu entgehen, indem ich die Augen schloß und die Lippen über meiner Stimme zusammenpreßte. Doch dann konnte ich es nicht länger ertragen, mußte die Augen aufreißen, mußte nach dem Gesicht der Mutter schreien, mußte bestätigt sehen, daß es noch da war. Um die Mutter war alles unbeständig, kochend, wirbelnd. Doch neben ihr stand Auguste, fest umrissen, mild und bleibend. Auguste war von Anfang an alt, uralt. In ihrem schwarzen, eng geschnürten Kleid, ihren von Spülwasser aufgeweichten, rötlich verschwollenen Händen, stand Auguste deutlich im Raum, und alle Dinge in ihrer Nähe gewannen an Leuchtkraft. In der Mutter herrschte das Wilde und Unbändige, in Auguste das Duldende, Demütige. Wenn die Mutter auf sie einschrie, beugte Auguste sich tief über die weiße Kartoffelschüssel mit dem blauen Rand, und die Kartoffelschalen ringelten sich über ihre Hände. Wenn die Mutter genug gewütet hatte, schlug Auguste sich selbst zur Strafe ins Gesicht, oder hieb mit einem Kleiderbügel auf ihren eigenen Kopf ein. Die Mutter verschwand, aber Auguste blieb da, mit Tränen in den Augen blickte sie mich an, sie streichelte meine Hände, als sei ich es, der getröstet werden müsse, und aus der Schublade des Küchentischs nahm sie einen Teller der Nachspeise, den sie von der Mahlzeit her für mich aufbewahrt hatte. An Augustes Hand ging ich hinaus auf die Straße. Die Entdeckung der Stadt ist verbunden mit dem Druck von Augustes Hand. Vor mir steigen die Straßen auf, mit ihren knirschenden, eisenbeschlagenen Rädern, mit ihrem Dunst von Teer und Malz und feuchtem Staub, mit ihren Packhäusern, an deren Fassaden die Ketten der Hebebäume rasseln, und in deren Lasträumen zwischen Kisten und Säcken Gestalten sich im ungewissen Licht bewegen. Immer tiefer drangen wir ein in die Gassen, Arkaden und verborgenen Plätze, vorbei an rußgeschwärzten, zerschorften, bekritzelten Mauerwänden, bis wir durch Torgewölbe und hinab über ausgetretene Treppen an die Deichanlagen und in den Hafen gerieten, wo die Maste der Schiffe vor dem rauchigen Himmel standen, wo die Wasserreflexe auf den Bordwänden flimmerten, wo schwarze und gelbe Gesichter sich aus den runden Luken streckten und fremdartige Worte riefen, wo die Wimpel an den straffen Takelagen flatterten und die Lastkrähne kreischend ihre langen Hälser drehten. In meinen Träumen tauchen zuweilen Bilder aus diesen Wanderungen auf, erstmalige Eindrücke, die ihre gläserne Durchsichtigkeit und Schärfe bewahrt haben, sie zeigen Standorte, oft ohne erkennbares Ereignis, reglos und verschwiegen, an denen ich plötzlich meine eigene Existenz empfunden hatte. Da ist eine breite, sandige Allee, die Häuser zu den Seiten liegen weit zurückgeschoben, mit steilen Stufen die zu den Türen emporführen, und im Sand sind Spuren von Rädern, vielleicht ist eben ein Wagen vorbeigefahren, jetzt aber liegt die Allee still und leer, und brütet in der Mittagswärme, und ist erfüllt vom Bedeutungsvollen und Einzigartigen meines Daseins. Da ist eine Straße, die sich von einer Anhöhe herabsenkt, es ist gegen Abend, die Farben leuchten aus der rosaschimmernden Dämmerung hervor, ich schwebe die Straße hinab, mit hohen, weiten Sprüngen, und die Schaufenster der Läden gleiten vorüber, ihr Halbdunkel mit Schätzen angefüllt. Hinter den rötlich glänzenden Scheiben erkenne ich geschnitzte Göttergestalten und kunstvolle Schiffsmodelle, Schreine mit ziselierten silbernen Schlössern, Kästchen mit Muscheln und Perlen be-

setzt, seidene Tücher mit feuerspeienden Drachen, lackierte
Fächer, goldrote Vogelfedern und tiefblaue Schmetterlinge,
gewellte Dolche mit Elfenbeingriffen, rostige Seeräuberge-
wehre, nagelbeschlagene Gurte und Schaftstiefel mit Sporen,
einen weißen Schwan mit hochaufgerecktem Hals, einen
Pferdekopf mit wehender Mähne, einen nackten schwarzen
Frauenleib, Perlenketten, Armreifen, Sägefische, Alligato-
ren und Affen, und in der Tiefe einer Werkstatt, zwischen
seinem Lederzeug, Meister Stahlhut am Amboß, Nägel im
Mund, mit dem Hammer auf die Schuhsohle schlagend, sein
warziges Gesicht beleuchtet vom Schein der Kristallkugel.
Ich stand mit Auguste am Ufer des Flusses, ein Schleppzug
fuhr vorüber, flatternde Wäsche auf einem der Kähne, und
ein kleiner, weißer, bellender Hund, und aus ihrer Hand-
tasche, aus brüchigem schwarzen Leder, nahm Auguste ein
Stück Schokolade und steckte es mir in den Mund, es schmeck-
te seifig nach dem Innern der Tasche. In einem Tunnel standen wir, und über uns rollte die Eisenbahn, und an der feuch-
ten Wölbung der Wand klebten vergilbte, von Blasen aufge-
triebene Anschläge, die Auguste murmelnd entzifferte. Von
allen Seiten betrachteten wir den steinernen Riesen auf dem
Marktplatz und fragten nach der Bedeutung des Zwerges,
dessen Kopf und Arme zertreten zwischen den Füßen des
Riesen lagen. Die Mutter wußte alles, konnte alles, bestimmte alles, Auguste wußte nie mehr als ich, alles sahen wir mit
dem gleichen Erstaunen.

Anton Wildgans

Denn die Mutter, eine große, schlanke, immer etwas blasse Frau, war bettlägerig geworden. Nun entfiel der tägliche Vormittagsspaziergang, dafür aber ergaben sich zunächst andere Freuden. Denn die Tante kam ins Haus und bereitete der Kranken alle möglichen guten und neuen Speisen, vor allem den köstlichen Chaudeau, von dem der Knabe immer reichlich zu naschen bekam. Auch durfte er viel Zeit am Fenster des Gassenkabinetts verbringen, wo die Mutter lag und in das jene bewußte Tapetentür vom Hofzimmer hereinführte, und auf der Straße unten gab es immerhin manches zu sehen. Die Postillone fuhren auch hier mit ihrem lustigen Trara vorüber, und die von den Praterwiesen einrückenden Truppen nahmen ja meistens ihren Weg durch die Radetzkistraße. Außerdem gab es eines Abends, als es schon ziemlich dunkel war, ein ganz neues, noch nie gesehenes Schauspiel: in allen Fenstern, bis in die obersten Stockwerke hinauf, standen unzählige brennende Kerzen, und auch in den Fenstern der eigenen Wohnung wurden solche angezündet. Unten aber ging ein langer Zug vorüber mit Fahnen und weißbehemdeten Männern, die gleichfalls Lichter trugen. Dabei war es ganz still in den Straßen geworden. Da näherte sich Musik, aber eine ganz andere, als sie von den Militärkapellen her vertraut war! Und jetzt wurde ein merkwürdiges, auf Stangen schwankendes Viereck vorübergetragen, seltsame Glöckchen klimperten, und ein noch nie verspürter Geruch wölkte von unten herauf. Da knieten auf der gegenüberliegenden Straßenseite die unzähligen schwarzen Menschen nieder, gedämpfte Fanfaren jubelten auf, eigentümliche Trommeln, die wie Wäschekörbe von zwei Männern an Henkeln getragen wurden, wirbelten, leibhafte Engelsstimmen sangen, und die Tante, die den Knaben am Fenster mit dem linken Arme umhielt, machte ihm mit der Rechten ein unverständliches Zeichen auf Stirne, Mund und Brust und schien dabei zu leiden; denn sie weinte bitterlich.

Das war die Auferstehungsprozession Unter den Weißgär-
bern am Karsamstag des Jahres 1885. Erst viel später, in der
Erinnerung, habe ich begriffen, daß sie es war; damals glaubte ich und ließ man mich glauben, es habe der Himmel sich
geöffnet und die göttlichen Heerscharen unter der Führung
des Christkindes selbst – es war wohl unter dem geheimnisvollen Viereck geschritten! – seien jubilierend und psalmo-
dierend, von tausend Flämmchen gegrüßt, vorübergezogen.
Bald darauf geschah das Letzte, dessen ich mich aus jener Zeit
noch entsinne.

Es war an einem Nachmittag – er steht vor mir, als wenn er
sich erst gestern begeben hätte! –, da trat der Vater durch die
seit langem versperrt gewesene Tapetentür, nahm mich an
der Hand und sagte, ich solle der Mutter für alles danken
und die Hand küssen. In der ganzen glücklichen Ahnungslo-
sigkeit meiner vier Jahre folgte ich ihm in das Kabinett. Da
lag die Mutter in ihrem großen, weißen Bette, aber es schien
nicht so weiß wie sonst, denn der einfenstrige Raum war
durch die herabgelassenen Jalousien in mattgrüne Dämmerung getaucht. Als ich an das Bett getreten war, wandte sich
die Mutter mir zu, sah mich lange an und reichte mir endlich
eine ganz klein gewordene, blasse Hand her, die ich küßte.
Dann aber kehrte sie sich mit einer schnellen Bewegung von
mir ab, vergrub ihr Antlitz in das Kissen, und ich gewahrte
von ihr nichts mehr als einen schmalschultrigen, weißen, gekrümmten Rücken, über den ein dünner, dunkler Zopf etwas
wirr und schief herabhing. Wie ich aus dem Kabinett wieder
herausgekommen, dessen erinnere ich mich nicht mehr, aber
eines weiß ich: daß der Vater eines anderen Tages im
Hofzimmer lange schluchzend auf und ab ging und meiner,
der ich dort spielte und kein lautes Wort wagte, nicht achtete.
Und dann kam wieder ein Nachmittag, da ich vom Fenster
aus merkwürdige Wagen vor dem Hause stehen sah, schwarz-
bespannte Wagen, auf deren Kutschböcken schwarze Männer
mit schwarzen Dreispitzen saßen. Einer von ihnen wandte
sich herauf und schien gerade auf mich zu blicken. Er hatte

ein rosiges, gar nicht schreckhaftes Gesicht und ein schwarzes Band unter dem Kinn, wie ich damals selbst eines an meinem neuen Strohhut hatte. Ich entsinne mich nicht, gesehen zu haben, wie der Zug sich in Bewegung setzte, auch von Blumen und Lichtern weiß ich nichts mehr. Meine Erinnerung hebt erst wieder in der Dämmerung dieses Tages an. Da sehe ich mich in dem Hofzimmer und war allein. An der Kante des Speisetisches, an dem ich so oft die Rute bekommen, weil ich nie die Suppe essen wollte, stand ein kleines Krügelgläschen, halbvoll mit Milch, und daneben lag ein Stückchen Semmel. Es kam der Augenblick, da ich mich dieser guten Dinge bemächtigte, die Semmel in die Milch tauchte und sie verzehrte. So hatte ich keinen Hunger zu leiden, und auch gefürchtet habe ich mich nicht; denn man hatte sich in der letzten Zeit nur wenig um mich gekümmert, und ich war gewohnt des Alleinseins. Aber immer finsterer wurde es. Auch dieses schreckte mich nicht. Denn auch sonst pflegte um diese Stunde noch lange kein Licht angezündet zu werden, sondern der Vater nahm mich im finsteren Zimmer auf den Schoß und gab mir Wörter auf, zu denen ich Reime finden mußte, und dies war mir ein liebstes Spiel. Heute freilich war der Vater nicht da, und es rührte sich nichts in der Wohnung. Da – dies fühle ich noch heute körperlich! – kam ein Seltsames, Neues über mich: eine Erregung aus mir selbst und ein Bewegtsein der Finsternis um mich herum! Wie lange dies gedauert hat, kann ich nicht mehr ermessen. Als es aber endlich wieder laut geworden war in der Wohnung und der Vater durch die Küchentür eintrat, fand er seinen Knaben im dunklen Zimmer auf dem Boden sitzen. Das leere Glas und ein kleiner Rest der in Milch geweichten Semmel lagen neben ihm, er aber hatte Schuhe und Strümpfe ausgezogen und redete – wie er dies auch schon früher manchmal vor dem abendlichen Einschlafen getan – fieberhaft flüsternd zu seinen eigenen Füßen. So hörte ich es später des öfteren erzählen, und dies war der Nachmittag, an dem meine Mutter begraben wurde.

Ernst Zahn

Als ich ein Knabe war, ein ganz kleiner, der noch im Mädchenkleide ging, wohnte ich an einem Orte, der untergegangen ist wie eine Insel im Meer. Mein Wohnsitz war ein Bauwerk aus Altväterzeit inmitten neumodischer Bauten und stand mitten in der Stadt auf einem Hügel, an dessen Fuß der See plätscherte. Es war ein Gesellschaftshaus, dessen Pächter mein Vater war. Ein alter Stadtmauerturm stand daneben. Turm und Haus sind gefallen, und den Hügel haben sie abgetragen. Wie der Mensch aber alles Verlorene höher wertet, so blieb mir mit der Sehnsucht nach der Jugend eine Liebe für das alte Zürich, von dem ein Stück mit jenem Hügel und Turm und Hause unterging. Und wie die Erinnerung oft festere Brücken in die Ferne denn in die nahe Vergangenheit baut, so weiß ich von jenen Kindheitstagen manches Kleine noch deutlich, indessen ich manches Große, was später war, vergaß.

Ein Geländer aus roten Rundziegeln schloß den Wirtsgarten ab. An das gelehnt sah ich den See und die weißen Segel und fernerhin die leuchtenden Berge, von denen ich damals nicht wußte, daß sie mir eine zweite Heimat werden würden. Blätterdunkle Kastanien rauschten zu meinen Häupten, und manchmal saß auf der Terrasse am Hause ein alter freundlicher Herr, ein Gast im Wirtshause, der mich zu sich rief und mich von seinem Kaffeebrettchen Zucker nehmen ließ. Das muß dem Kind ein großes Glück gewesen sein, da der alternde Mann noch davon weiß.

Von dem Hause und dem Hügel tat ich meinen ersten selbständigen Schritt in die Welt. Ich entlief eines Tages in Hausschuhen, mein Spielzeug, eine kleine Schweizerfahne, geschultert. Auf dem Kopfe trug ich den mächtigen Strohhut meiner Wärterin, der mir zur Hand lag, als ich Ausreissergelüste bekam. In diesem Aufzug durchwanderte ich die belebteste Straße der Stadt bis zum Hause des Großvaters und erreichte es ohne Fährde. Den Meinen aber hatte ich den ersten Schrecken bereitet.

Carl Zuckmayer

Als ich, im Sommer 1952, zum ersten Mal nach einer jahrzehntelangen Pause, meinen Heimatort und mein Geburtshaus wieder betrat, das inzwischen teilweise umgebaut und völlig anders eingerichtet worden war, blieb ich in einem von Menschen erfüllten Zimmer erstaunt stehn und schaute auf ein bestimmtes Fenster. Ich wußte plötzlich, ich kenne dieses Fenster, ich kenne es ganz genau. Ich sehe es vom Gitter eines Kinderbettchens her, durch die weißen Mullschleier eines Moskitonetzes, als ein offenes Viereck bei Nacht, und dahinter, im ansteigenden Weinberg, ist das zauberische Funkeln und Schwirren unzähliger feuergrüner Leuchtkäfer. Meine Mutter, die an diesem Besuch teilnahm, bestätigte mir, daß ich als kleines Kind wirklich in diesem Zimmer geschlafen hatte.

Als ich aber dann zu dem Fenster trat und hinausschaute, war da gar kein Weinberg, sondern eine quadratische Pflanzung von Obstbäumen. Aber der alte Lorenz Horn, einer der frühsten Mitarbeiter meines Vaters, erklärte mir: «Du hast ganz recht, Kall. Die Appelbäum sind erst dreißig Jahr alt. Damals war da noch euern Weinberg.» Das muß in oder vor meinem vierten Lebensjahr gewesen sein, denn im Jahre 1900 zogen wir in die große Stadt, nach Mainz.

Nachwort

Diese Sammlung erster Kindheitserinnerungen wurde veranlaßt durch den Wunsch, das kleine Kind besser kennen und verstehen zu lernen. Sie gibt in zweierlei Hinsicht besonderen Einblick: wir lernen allgemein gültige Eigenheiten der frühen Jahre des Menschen kennen, und wir begegnen dem Einmaligen der Persönlichkeit, die uns ihre Erinnerung mitteilt. Früherinnerungen sind nicht nur für literarisch interessierte Leser wertvoll, sondern vor allem auch für jene, die sich mit Kindern befassen, sei es, daß sie in der eigenen Familie Kinder zu erziehen oder von Berufs wegen mit Kindern zu tun haben. Denn diese kurzen Texte ergänzen und bestätigen unsere Kenntnisse über das kleine Kind, über die Art seines Erlebens. Diese Kenntnisse sind sonst nur aus der Beobachtung und Deutung von Verhalten, von Ausdruckserscheinungen und von Äußerungen des Kindes zu gewinnen. Dabei ist aber immer ein Fremder, der Beobachter und Interpret, beteiligt. Autobiographien hingegen enthalten Mitteilungen über die frühe Kindheit aus erster Hand. Auf diese persönlichen Erinnerungen sind wir umso mehr angewiesen, als die Forschungsergebnisse – Beobachtungen und Interpretationen – noch recht unvollständig sind und manchmal mehr über den jeweiligen Forscher aussagen, darüber, wie er beobachtet und interpretiert, als über das Kind, um das es geht. Eine Übersicht über den heutigen Stand wissenschaftlicher Kenntnisse, wie ich sie an anderer Stelle zu geben versucht habe[1], zeigt noch eine weitere Schwierigkeit, welcher der Wissenschafter begegnet: er muß sich, um möglichst exakt beobachten und beschreiben zu können, immer auf bestimmte Bereiche des kindlichen Lebens konzentrieren. Je genauer er sein will, umso enger muß er sein Forschungsfeld abgrenzen. Dadurch geht leicht der Blick für das Ganze der kindlichen Person verloren. Der Dichter aber vermag mit seinen Gaben der Einfühlung und der Sprache ein ganzheitliches Bild zu geben. Das ist mehr als die Einzelheiten des kindlichen Lebens und Erlebens, die wir den Früherinnerungen entnehmen können. Um einiges aufzuzählen: wir erfahren aus ihnen die Bedeutung der Geborgenheit für das Kind, wobei der stetige Umgang mit vertrauten Menschen und die immer wieder erneuerte Bekanntschaft mit vertrauter Umgebung besonders wichtig sind. Wir können die Bedeutung des Liebhabens und Geliebtwerdens, des Lobes und des Vertrauens miterleben. Wir hören vom Staunen des Kindes, vom Sich-Wundern und Bewundern, von seiner Neugierde und seinem Erschrecken. Wir nehmen teil an den Ängsten, die im Kind geweckt werden durch unheimliche Gebilde, die das Kind selbst, durch seine Phantasie auf Grund weniger Andeutungen in seiner Umgebung, schafft. Licht und Farben haben besondere Wirkung; da ist das Spiel der Farben, da sind aber auch die bizarren Formen eines Tapetenmusters, die Schatten im Schein einer Lampe. Manche Früherinnerung enthält den Eindruck einer bestimmten Bewegung, und einige Verfasser berichten von ihren ersten Gehversuchen oder davon, wie sie geworfen oder gestreichelt wurden. Berichte über körperliche Schmerzen sind Ausnahmen. In der Erinnerung an Heim und Hof spielt das Fenster, Ausblick in die Welt, oft eine besondere Rolle. Der Garten, der Spielplatz und das Spielzeug bleiben in der Erinnerung haften. Wenn Geschichten und Märchen in der Erinnerung wieder aufleben, so nicht nur um des Erzählten willen, sondern vor allem auch wegen der Person des Erzählers und der besonderen, vertrauten Stimmung während des Lauschens.

Zu den Dingen hat das Kind ein liebevolles Verhältnis, eine Beziehung von Du zu Du; nicht nur zum Spielzeug, wie bei Robert Faesi oder bei Ricarda Huch, sondern auch zur Seifenblase, wie bei Agnes Miegel, und zum Mond, mit dem Stefan Andres sogar einen «festen Streit» bekommt, so daß er sich erinnert: «Ich weinte sehr über den Mond und seine Falschheit.»

Es entspricht dieser vom Gefühl getragenen Beziehung zu den Dingen, daß diese Dinge für das Kind leben und so lebendig wie das menschliche Gesicht werden. Man spricht vom «physiognomischen Weltbild». Zeugnis dafür gibt etwa Heinrich Federer, wenn er berichtet, wie die Punkte auf einem Tuch beginnen, «wie schwarze Käfer aufzuleben, herumzuwimmeln und sich unendlich zu vermehren. Sie krochen millionenhaft mir zum Hals herauf und rutschten wieder zu den Füßen hinunter. Ich fühlte ihr Kribbeln und lachte wie gekitzelt darüber.» Oder der Photoapparat in der Erinnerung Meinrad Inglins, der sich in ein Fabeltier verwandelt: «Es hatte hinten kurze, dicke Beine, vorne aber ganz dünne und lange, es trug einen schwarzen Mantel um die hohen Schultern und ein gläsernes Auge an der Stirn, das uns bedrohlich anstarrte.»

Das Denken des kleinen Kindes ist von anderer Art als jenes des Erwachsenen, der ein Rechenproblem löst: es folgt nicht systematischen, sogenannt logischen Schritten, sondern es springt von Einfall zu Einfall, von denen der eine den andern oft herbeiführt, in einer Art, die neben Künstlern vor allem auch hervorragende Wissenschafter kennen und schätzen, weil sie wegführt vom Herkömmlichen und hinführt zu neuen Ansätzen und Schlußfolgerungen. Diese assoziative Art des Denkens, uns Erwachsenen im Alltag einer technischen Kultur wenig vertraut, scheint durch im Text von Heinrich Böll und in der «Kindheit» der Lichnowsky, sie wird deutlich nicht so sehr dadurch, *was* die Autoren inhaltlich erzählen, sondern aus der Form, *wie* sie es erzählen. Die Früherinnerungen der Dichter und das Alltagserleben jedes Kindes gleichen sich in der Art, umzugehen mit Worten und Gedanken, mit dem Außen und Innen, mit dem eigenen Tun und dem Erleben. Die hier wiedergegebenen Texte sind wie der Kinderalltag reich an «Bildern einer Zauberlaterne» (Ina Seidel), Bilder, die aufleuchten, überraschend und von größter Intensität.

Wahrnehmen und Bewegen gehören zusammen, es gibt das

eine nicht ohne das andere: «Es gab eine Zeit, da die beiden Seiten des kleinen Bettes, in dem ich lag, auf und nieder gingen. Hoch die rechte, nieder die linke, hoch die linke, nieder die rechte – immerzu...», eine Zeit, in der es in der Macht des kleinen Stefan Andres lag, die Zimmerdecke sanft herabsinken zu lassen. In den Früherinnerungen werden die alltäglichen Grenzen von Raum und Zeit überschritten, Grenzen, die in der Welt der Erwachsenen nur unter ganz bestimmten Bedingungen überwunden werden können, wie etwa in der modernen Physik oder, um ganz andere Bereiche zu nennen: im Traum, oder in gewissen Erfahrungen der religiösen Verinnerlichung.

Es gibt noch vieles mehr, auf das die Früherinnerungen hinweisen: das Verhältnis zur Mutter und zum Vater, die Wirkung einzelner Worte und Sätze, das Erleben von Macht und Ohnmacht und anderes. Es ist besser, hier innezuhalten in der Analyse dessen, was die vorgelegten Texte an «Material» für die Erforschung des Menschen bergen. Zwar ist es wichtig, daß wissenschaftliche Arbeiten hier einsetzen und weiterführen, aber im Rahmen dieses kurzen Nachwortes wiegt die Ausbeute gering, verglichen mit der Gefahr, die ganze künstlerische Gestalt der Früherinnerungen durch wissenschaftlich orientierte Hinweise zu zerreden und zu zerstören. Das wenige Gesagte möge genügen, um zu zeigen, daß die Früherinnerungen teils unsere aus anderen Quellen stammenden Kenntnisse bestätigen, teils wesentlich Neues beitragen zum Bild des Kindes in seinen ersten Lebensjahren, das sich zusammenfassend etwa so skizzieren läßt:

Vor seinem siebten, manchmal auch nur bis zu seinem fünften oder sechsten Jahr lebt der Mensch in einer besonderen, nur diesem Lebensabschnitt eigenen seelisch-geistigen Haltung. Denken, Fühlen und Wollen bilden ein Ganzes, das später nurmehr selten so ungeteilt, so umfassend und zusammengehörig ist. Die Dinge haben ihr Gesicht. Ereignisse und Stimmungen verbinden sich ebenso wie das eigene Tun mit dem Erleben. Es gibt noch keine Teilung in Arbeits- und

Mußestunden. Das Denken ist überwiegend bildhaft. Einfälle, Eingebungen herrschen vor. Bilder und Gestalten haben eine unmittelbare Bedeutung, die wir als Erwachsene «symbolisch» nennen und durch langwierige Forschungsarbeit erschließen, um sie in die gesprochene Sprache zu übersetzen. Seine Individualität bringt das Kind von Geburt an mit; sie entfaltet sich aber erst nach und nach in Begegnungen mit vertrauten Menschen und mit der das Kind umgebenden Welt der Dinge. Nach und nach findet es seine Eigenständigkeit, grenzt es sich ab, von der Mutter zuerst, von den Dingen und von den andern Menschen sodann, als selbständiges Wesen, das sagt: ich will, ich kann, ich bin ich und schließlich: ich denke. Allmählich faßt das Kind die Dinge und die Ereignisse in Begriffe und bringt sie unter die ordnende Gewalt des menschlichen Denkens, sich gleichzeitig von ihnen abhebend, ganz allmählich zwar, aber stetig.

Tolstoi (er fehlt in der vorliegenden, deutschsprachige Dichter umfassenden Sammlung) fragt bei der Wiedergabe seiner ersten Erinnerungen: «Ob es Träume oder wirkliche Ereignisse waren?» Arthur Schnitzler stellt die Frage: «Fließt, wie es so oft geschieht, Erinnerung an Erlebtes, an Mitgeteiltes, an ein irgendwo gesehenes Aquarell in ein Bild zusammen?» Die Erinnerung, und ganz besonders die Früherinnerung, ist nicht nur Zeugnis eines Geschehens. Wir erfahren vielmehr etwas so, wie es der Erwachsene zu dem Zeitpunkt weiß, da sich das Erlebte zu einer haftenden Erinnerung formt. Gleich einer Insel, die aus dem Meer des Vergessenen der ersten Lebenszeit ragt, sieht der Erzähler seine damalige Kindheit vor sich, durch das Fernglas seiner Selbstbetrachtung; die Gläser aber dieses Fernglases, mit dem wir uns die eigene Kindheit vergegenwärtigen, sind im späteren Leben geschliffen. Manches, das für uns entscheidend geworden sein mag, wissen wir nicht mehr, anderes hat wohl allmählich eine entscheidende Dimension angenommen. «Ich vermute, daß alles, was ich im Verlaufe meines Lebens von der echten Begegnung erfuhr, in jener Stunde auf dem Altan seinen ersten Ursprung hat», beschließt Martin Buber seine Erinnerung. Er ist nicht der einzige, der dem ersten Erlebnis bestimmende Bedeutung zumißt. «In ihnen sich spiegelnd und mit ihnen vergleichend, wird unter Umständen unser eigenstes Wesen seiner selbst mit deutlicherer und rührenderer Ergriffenheit gewahr, als in anderen Geschichten und Gedichten», schreibt Schröder. Spitteler meint: «Ich zweifle, ob ich in meinem ganzen späteren Leben wesentlich Neues dazu erlebt habe.»

Die verschiedenen Strömungen der Psychologie, die sich jede nach ihrer Art mit den Früherinnerungen befaßt haben, stimmen darin überein, daß die ersten Erinnerungen von Bedeutung für das Verständnis eines Menschen sind. Schon im 15. Jahrhundert schrieb Butzbach: «Denn was zuerst in ein Geschirr kommt, davon bewahrt es nachher lange den Geruch.» Sigmund Freud spricht von der «hohen Wertigkeit» der Früherinnerungen, als von den «Schlüsseln zu den Geheimfächern des Seelenlebens», die allerdings, um mit der Psychoanalyse übereinzustimmen, erst der besonderen Interpretation bedürfen. Die von Alfred Adler begründete Individualpsychologie sieht in der Früherinnerung einen der wichtigsten Anhaltspunkte, um den «Stil» kennenzulernen, in dem ein Mensch sein Leben führt. Die Ersterinnerung ist auch in der humanistischen Psychologie (Charlotte Bühler) von Bedeutung, steht sie doch sowohl am Anfang des Lebenslaufes wie auch gleichzeitig in Beziehung zu den Lebenszielen. In der Praxis der Seelenheilkunde der letzten Jahrzehnte, bis in unsere Zeit hinein, wird die Früherinnerung als wertvolle Aussage betrachtet, die Einblick in die Persönlichkeit des erwachsenen Erzählers gibt, der sich so und nicht anders erinnert und dadurch ein Stück weit preisgibt. Freilich ist die erste Erinnerung mehr als nur ein Guckloch zum Verborgenen der Seele.
Kindheitserinnerungen erzählen, das kann nur der Mensch; eine der Voraussetzungen dazu aber ist, daß er wie auch an-

dere Lebewesen mit Gedächtnis ausgerüstet ist. Dieses ist
für die Biologie ebenso voller Rätsel wie für die Psychologie.
Die biologisch orientierte Gedächtnisforschung zerlegt, um
der besseren Forschungsbedingungen willen, die Erinnerung
in Bestandteile wie den Vorgang der Aufnahme eines Ein-
drucks, des Behaltens, des Hervorholens oder Auftauchens
und schließlich des Wiedererkennens. Sie sucht nach den
körperlichen Vorgängen und Trägern für das Gedächtnis.
Die Forschungsergebnisse sind im einzelnen wohl interessant,
sie erlauben aber noch kein zusammenhängendes Wissen.
Man kennt bisher einzelne Teile des Gehirns, die mit großer
Wahrscheinlichkeit für das Gedächtnis von besonderer Wichtigkeit sind; man besitzt auch Hypothesen über die biologischen Vorgänge, die mit der Erinnerung verbunden sein
könnten, aber das sind erst ganz wenige bekannte Bezirke in
einem Niemandsland, das sich trotz ungeheurer wissenschaftlicher Anstrengungen nur ganz widerspenstig erschließen läßt. Liest man Veröffentlichungen zur Gedächtnisforschung[2], so gewinnt man den Eindruck, daß, je mehr man
versucht, das biologische Substrat des Gedächtnisses zu er-
forschen, desto deutlicher für die Biologie und für den Menschen überhaupt die Tatsache wird, daß sich Gedächtnis und
Erinnerung, wie Leben, Tod und andere fundamentale Er-
scheinungen, wohl auch im Biologischen verfolgen lassen,
daß sie aber nie von den materiellen Vorgängen her begreiflich sind.
Die Frage, wie weit Früherinnerungen damalige Erlebnisse
getreulich wiedergeben, ist deswegen nicht richtig gestellt,
weil es gerade das Besondere des Menschen ist, daß sein Leben geschichtliche Dimensionen hat. Van den Berg schreibt
dazu: «Vergangenheit ist Vergangenheit des Jetzt. Die Jugend, die mir im Geruch des alten Buches entgegenweht, ist
die Jugend, die zu meinem ganzen Leben paßt, – und nicht
die Jugend der Jahre, in denen jene Jugend heute wäre. Die
Erinnerung an meine Jugend ist echt, wenn sie nicht identisch ist mit der Jugend von damals. Ich bemerke das, wenn

ich den Geruch einatme, die Jugend ist da, wie sie damals war, aber als eine ferne Vergangenheit: in der Gestalt der Ferne, eine Gestalt, die sie nicht hatte, als sie aktuell war. Daher kommt es, daß ein Augenzeugenbericht später so oft nicht zutreffend erscheint. Paradox ausgedrückt: die Erinnerung ist erst dann echt, wenn sie nicht echt ist. Eine Autobiographie ist notwendigerweise ein Kunstwerk (das den Tatsachen so wenig als möglich Gewalt antut). Nach meiner Überzeugung gilt dasselbe für die Geschichte. Große Historiker sind große Stilisten. Geschichte ist nicht: das, was geschehen ist. Was geschehen ist, ist höchstens ein Bericht. Geschichte ist: was geschah in Zusammenhang der Zeiten. Dieser Zusammenhang zerrt am Zusammenhang der Tatsachen.»

Vergangenheit, Gegenwart und Zukunft verbinden sich im Menschen zur Wirklichkeit des eigenen Lebensweges. Sein Leben bedeutet ihm selbst *und* seinen Mitmenschen etwas, es wird ihm selbst *und* seinen Nächsten bewußt. Das objektive Ereignis damals (wie es andere einmal gesehen haben mögen) und das subjektive Erleben heute, wie es der Erzähler berichtet, sind gleichwertig. Erst wenn beides sich zusammenfügt, entsteht ein lebendiges Ganzes. Die Widersprüche, die dabei erwachsen mögen, gehören zum Wesen «Mensch». Friedrich Hebbel meint über das Widersprüchliche im Hinblick auf seine eigene Erziehung: «Man sollte denken, diese Widersprüche hätten schlimme Folgen haben können. Es war nicht der Fall und wird nie der Fall sein, denn das Leben bringt noch ganz andere, und die menschliche Natur ist auf diese eingerichtet.» Der Dichter bejaht den Widerspruch, den zu bejahen ein besonderes Anliegen moderner Denker ist (H. L. Goldschmidt, Martin Buber, Viktor v. Weizsäcker). Wir sind gleichzeitig Betrachter *und* Gegenstand unserer Betrachtung. Die Selbsterfahrung (Paul Häberlin) ist ein besonderes Merkmal des Menschen. Beide, die objektive Beobachtung und die subjektive Selbstdarstellung sind gleichermaßen wahr und wirklich. Auch eine noch so gute Photographie könnte die Selbstbildnisse eines Rembrandt nicht ersetzen, höchstens ergänzen.

Gewiß enthält das Leben eines Menschen unendlich viel mehr, als er uns davon selbst mitzuteilen vermag. Die psychiatrische und psychologische Forschung unseres Jahrhunderts hat wohl tiefe Einblicke in die Welt des uns nicht Bewußten ermöglicht. Die gewonnenen Erkenntnisse können aber – sollen sie nicht bloß als verwirrendes Gesellschaftsspiel vertan werden – nur den einen Sinn haben: das Bewußtsein des Menschen zu erweitern, um ihn besser davor zu schützen, daß er nicht sich selbst betrügt. Der Einzelne braucht die klare, bewußte Erkenntnis, um sein Leben zu führen, und die menschliche Gemeinschaft muß mit ihr gestaltet werden. Manchmal scheint es, die Bedeutung des bewußten Lebens sei, ob aller Bemühungen um die Erforschung des Vor- und Unbewußten, des Übersinnlichen und des Imaginären, in Vergessenheit geraten. Wir benötigen aber dringend mehr und genauere Kenntnisse dessen, was im Bewußtsein des Menschen enthalten ist, was als bestimmend erlebt wird und was kraft des Bewußtseins zu erreichen ist. Man beginnt den Menschen, und ganz besonders das Kind, erst dann zu verstehen, wenn man inne wird, daß das bewußte und das nicht bewußte Leben gleichwertig sind und erst beide zusammen, im Sinne der dialogischen Philosophie, ein Ganzes ergeben. Wenn es auch naiv wäre, zu meinen, das Leben enthalte nichts weiter, als einer davon selbst zu berichten weiß, so wäre es doch ebenso verfehlt, jene Mitteilungen gering zu achten, die uns jemand aus seinem früheren Leben bewußt wiedergibt. Jean Paul führt zwei Gründe an für den Wert der frühen Kindheitserinnerung: daß der Mensch «durch dieses Rückentsinnen sich näher an die von Mächten und Geistern bewachten Pforten seines Lebens zurückzudrängen meint und daß er zweitens in der geistigen Kraft eines frühen Bewußtseins gleichsam eine Unabhängigkeit vom verächtlichen kleinen Menschenkörperchen zu finden hofft». Es ist das Besondere der Früherinnerung, daß sie der «Anfang meiner bewußten Geschichte» (Heinrich Federer) ist; sie ist Zeugnis für die Geistigkeit des Menschen, für die Geschichtlichkeit und Einmaligkeit seines Lebens und die Kraft seines Bewußtseins.

HEINZ STEFAN HERZKA

Geschrieben in Erinnerung an
Dr. med. Rudolf Helmut Bachmann   1936–1971

---

[1] Das Kind von der Geburt bis zur Schule, 2. Auflage, Basel 1973.
[2] Für ihre Hilfe bei der Orientierung über Gedächtnisforschung danke ich Frl. Dr. med. G. Kostron.

Kommentare

von Elisabeth Ammann

Alfred Andersch

4. 2. 1914 in München. Buchhändler- *Zitat aus «Die Kirschen der Frei-* *lehre. Büroangestellter. Redaktionelle* *heit» (1952), S. 9–11. Erwähnt:* *Tätigkeit. Seit 1958 freier Schrift-* *«Efraim», Roman, Zürich 1967.* *steller im Tessin.*

«Die Kirschen der Freiheit» ist Alfred Anderschs erste dichterische Darstellung, zugleich *das* als autobiographisch bezeichnete unter seinen Werken. Ohne ersichtlichen Grund folgert K. Migner daraus: «Die Tatsache, daß Alfred Andersch als erste dichterische Darstellung 1952 einen autobiographischen Bericht... vorlegte, weist bereits auf die starken autobiographischen Züge seines Werks... hin.» (K. Migner, in D. Weber, S. 318.) Daß einer seine Lebensbeschreibung an den Anfang setzt, mag dem Psychologen gewisse Schlüsse erlauben, darf den literarisch ausgerichteten Interpreten aber nicht dazu verleiten, Ichbezogenheit auch in allen folgenden Werken zu vermuten; und wie leicht lassen sich Dichter nennen, die – im Gegensatz zu Andersch – erst im hohen Alter ihr Leben expressis verbis zur Autobiographie summierten, sich aber im Grunde längst geoffenbart hatten, stückweise, während Jahren! (Vgl. Hermann Hesse, S. 173; Theodor Fontane, S. 161 f.)
K. Migners Folgerung ist nicht zwingend, doch die Beobachtung muß man akzeptieren, daß Andersch durch seine verschiedenen dichterischen Arbeiten hindurch als das Ich des ersten Berichts («Kirschen der Freiheit») in anderer Gestalt wieder und wieder auftritt. Der freiheitsdurstige Mensch, der unerbittliche Sucher nach einem sansibarischen Jenseits begegnet uns immer neu; auch das Ineinander von persönlicher und politischer Freiheit bzw. Unfreiheit wiederholt sich in gewandt konstruierten Variationen zum Grundthema von 1952; und schließlich gehört das Bloßstellen des nachkriegsdeutschen Jargons – eindrücklich gerade in den zitierten Abschnitten – auch noch in «Efraim», 1967, und später zu den Eigenarten Anderschs. Was W. Weber 1970 formuliert (W. Weber, Forderungen, S. 166) – «Alfred Andersch schreibt nicht nur, er schaut sich beim Schreiben zu; prüft und überwacht das Wortebrauchen; beurteilt, bewertet es; verwirft und setzt neu an» –, scheint zugeschnitten auf solche zögernden Aussagen: «Frühjahr, glaub' ich – mein' ich, wollen Sie sagen, würde K. sagen, glauben können Sie nur an Gott –, mein' ich also...»
Alles weist darauf hin, daß der Autor innerhalb dieser Kindheitserinnerung, auf knappstem Raum also, *unverwechselbar* gegenwärtig ist. (Eine

detaillierte Sprachanalyse dürfte zugunsten dieses Fazits ausfallen.) Ähnlich wie zwei, drei Schlußtakte eines Mozart-Menuetts den Meister verraten, so ein paar Sätze aus dem «meistgelobten und meistbefehdeten Buch der deutschen Nachkriegsliteratur» (F. Lennartz, S. 9) den *ruhelosen* A. A.: «Wenn ich an sie [die Kindheit] denke, ergreift mich wieder das Gefühl der *Langeweile*, das mich *umklammert* hielt...» (meine Hervorhebungen); unverkennbar ist auch bereits Anderschs Tendenz zu Metaphern in beschreibenden Passagen («schmutziger Frühlingstag»), zu Tropismen («Bin erst später dahintergekommen...»; «Weiß noch...») usw.

TEXTERKLÄRUNG
Münchner Räterepublik   dauerte von Januar bis April 1919

Stefan Andres

26. 6. 1906 in Breitwies (Landkreis Trier) – 29. 6. 1970 in Rom. Studium der Theologie, Philosophie, Kunstgeschichte, Germanistik. Reisen. Ab 1961 in Rom.

Zitat aus «Der Knabe im Brunnen» (1953), S. 7–9. Erwähnt: «Der Taubenturm», München 1966. Weitere Erinnerungen in: Welt und Wort 1950, S. 505.

Im Zusammenhang mit dieser Textprobe läßt sich die Frage diskutieren, wie weit die Kindheitserinnerungen zurückreichen «dürfen», um überhaupt noch für aussagekräftig gehalten zu werden. Ist es nicht problematisch, einen Autor mit seinen «Erinnerungen ans Säuglingsalter» vorzustellen und sie als Rück-blicke zu bezeichnen? Ist es klug, dem Menschen und Dichter Andres ernsthaft interpretierend zu begegnen, wenn er sich an seine Wiegenzeit «erinnert» und sie auf ein paar Buchseiten farbig zeichnet, als hätte er sie bewußt er-lebt? (Vgl. Vorwort, S. 10; U. Hartmann, S. 9–10.)

Weil es sich um Stefan Andres handelt, überwiegen die Argumente zur Auswahl und eingehenden Betrachtung gerade dieser Abschnitte: Erstens ist aus dem Vorwort zum Roman «Der Knabe im Brunnen» (vgl. F. Lennartz, S. 14) ersichtlich, daß hier die Feder von einem geführt wird, dessen Ehrgeiz auf größtmögliche Intensität des Erlebens und – unlösbar damit verbunden – des Erinnerns gerichtet ist, und zweitens liefert jede zusätzliche Stunde der Lektüre von Andres' Werken neue Beweise dafür, daß der in unserem Fall zitierte Rück-blick auf die ersten Lebensmonate bereits in wesentliche Person- und Umweltbezüge des Autors einführt. Im Vorwort – bescheidenerweise nur mit «Eine Art Vorwort» überschrieben – erklärt sich Andres folgendermaßen:

«Das Vermögen, sich tief und gut zu erinnern, ist eine der wesentlichsten Gaben der Musen an den Dichter. Denn die Erinnerung allein schafft den Raum, in dem wir leben, und sie ist es, die uns an der Hand nimmt und zurückführt zu allen Stufen der Entfaltung unseres Seins – bis in die Stunden des Frühlichts, da wir, noch keimend, vom silbernen Licht der unteren Welt, aus der wir stammen, umglänzt waren. Wer sich mit Liebe und gut und tief erinnert, befindet sich wie in einer Dichtung, so wunderträchtig ist die Erinnerung und so wirklich zugleich: rauschende Muschel, Bienenstock, Brunnen und – süßer mütterlicher Blutstrom, der uns nährt im Schoße dieser dunklen Welt dem Tage der neuen Geburt entgegen.»

In der – ernstgemeinten – Erinnerung befinde man sich «wie in einer Dichtung»; sie sei, wie diese, in der Vielschichtigkeit ihrer Anlage und als pausenlos pulsierende Macht, ein erst recht zum Leben befähigender Strom; sich erinnernd sei der Mensch eins mit dem Seinsgrund, Oben und Unten, Gut und Verwerflich seien nicht – noch nicht oder nicht mehr – geschieden; abgeschlossen und geschützt in der Fruchtblase des Erinnerns bereite er sich für die neue Realität.

Von diesem Bekenntnis her wird die «Erinnerung an die Säuglingszeit» glaubwürdig, aussagekräftig im Rahmen der Absichten dieser Anthologie (vgl. Vorwort, S. 9). Abgesehen davon sind zum Beispiel die spezifische Vater-Kind-Beziehung und – in den folgenden Abschnitten über den gefürchteten «Pütz» – das Brunnenmotiv und die Anwesenheit Unsichtbarer in späteren Werken von Stefan Andres leicht abgewandelt wiederzufinden und erscheinen deshalb in «Der Knabe im Brunnen» so ur-wahr. «Eine Art Vorwort» befähigt uns auch erst zum tieferen Verständnis des Romans «Der Taubenturm», 1966: Andres, der sich hier als genialer Perspektivengaukler vorstellt, spricht im Ich der kleinen Felicitas so naiv, unverblümt und reif zugleich, wie es nur ein Dichter zustandebringt, der im erinnerten Ich *ganz* anwesend ist.

Gottfried Benn

*2. 5. 1886 in Mansfeld (Westprig-
nitz) – 7. 7. 1956 in Berlin. Studium
der Philosophie, Theologie, Medizin.
Militärarzt. 1917–1935 Facharzt
für Haut- und Geschlechtskrank-
heiten in Berlin.*

*Zitat aus «Doppelleben» (1950),
S. 17–18. Auszug aus «Doppelleben»
in: «Über mich selbst» (1886–
1956), München 1956.*

Es fiel nicht leicht, «Benn über Benn» schriftlich fixiert zu finden, vor
allem nicht, was die früheste Kindheit betrifft, und die gewählte Text-
stelle enthält denn auch nicht viel mehr als eine knappe Erwähnung der
Örtlichkeiten, der Hauptbeschäftigungen und zweier zur Zeit der Niederschrift wohl vergessener Bräuche aus Kindertagen. Aber beim sorgfältigen
Lesen spürt man doch an bestimmten Punkten, wie stark die Kraft sein
muß, die Gottfried Benn zum Rückblick auf seine «Kindheitserde» bewegt. Das schien uns Grund genug zur Auswahl dieses Abschnitts.
In einer Gedichtfolge, «Epilog», aus den letzten Lebensjahren Gottfried
Benns heißt es:

«Es ist ein Garten, den ich manchmal sehe
östlich der Oder, wo die Ebenen weit,
ein Graben, eine Brücke und ich stehe
an Fliederbüschen, blau und rauschbereit.»
(Zitiert aus H. Uhlig, S. 8)

Unverkennbar – «östlich der Oder»; «Flieder» – handelt es sich um den
Pfarrhausgarten in Sellin in der Neumark, der auch in unserem Passus
aus «Doppelleben» (Niederschrift um 1934) im Mittelpunkt steht. «In
diesem norddeutschen Dorfe verlebte Gottfried Benn eine glückliche und
gesicherte Kindheit», interpretiert E. Nef (S. 10), und seine Folgerung
erweist sich als begründet, wenn man zum Beispiel den Begriff «Doppelleben» – Titelbegriff über dem ganzen Band – etwas unter die Lupe nimmt.
Im übrigen zeugt auch Benns Wortschatz innerhalb unseres Abschnitts
von seinem Glücksgefühl: «Unendlich geliebtes Land»; «Unendlich blühte
der Flieder...» usw.
«Der Ausdruck oder der Begriff ‹Doppelleben›, wie ihn Benn in seinen
spätern Schriften häufig verwendet, ist nicht im üblichen kriminalisti-
schen Sinne zu verstehen. Benn faßt mit diesem Begriff ein existentiales
Prinzip» – so E. Nef (S. 95), und der Autor selbst gibt die grundlegende
Erklärung ab: «Doppelleben in dem von mir theoretisch behaupteten

und praktisch durchgeführten Sinne ist ein bewußtes Aufspalten der Persönlichkeit, ein systematisches, tendenziöses» (zitiert aus E. Nef, S. 95).

Dies kommentiert E. Nef wiederum folgendermaßen (S. 95): «Der Geist und das Leben in der Wirklichkeit laufen für Benn stets auf getrennten Bahnen, aber das Doppelleben, wie Benn es begreift, ist nicht etwas auf Grund dieser Spaltung dem Menschen unumgänglich Auferlegtes. Das Doppelleben geht auf die Spaltung zwischen Geist und Wirklichkeit zurück, aber Benn sagt ausdrücklich: ‹Mein eigenes Doppelleben war mir nicht nur immer sehr angenehm, ich habe es sogar mein Leben lang bewußt kultiviert›.»

Der Autor betont also, daß er sich immer wohlgefühlt habe in der Spannung zwischem geistigem und «praktischem» Leben, daß er sogar alles getan habe, um den Widerstreit der beiden Lager nicht erlöschen zu lassen. Dies war ihm erst möglich, als sein Bewußtsein einigermaßen «erstarkt» war.

Die Zeit davor nun, die frühe Kindheit, muß noch «unendlich» viel glücklicher gewesen sein, weil gar keine Spannung, nicht einmal die Benn stets angenehme, vorhanden war, und von «Verzauberung überglänzt, erscheinen… die Tage der Kindheit wie ungetrübtes Vorstadium, Ouvertüre jenes Rausches…, dem wir die unvergleichliche ‹Ausdruckswelt›… seines [Benns] Spätwerks verdanken» (H. Uhlig, S. 8). Nicht auf den ersten Blick, aber deutlich genug offenbart sich dies auch im ausgewählten Abschnitt.

TEXTERKLÄRUNGEN

Einsegnung	Konfirmation
Ostara	germanische Erd- und Frühjahrsgöttin
Kalmus	Aaronstabgewächs

Rudolf G. Binding

13. 8. 1867 in Basel – 4. 8. 1938 in   *Zitat aus «Unvergängliche Erin-*
Starnberg (Oberbayern). Studium   *nerung» (1964), S. 3–5. Erwähnt:*
der Jurisprudenz, Medizin. Erzäh-   *«Die Briefe», Hamburg 1957.*
ler, Lyriker, Übersetzer.

«Adieu einstweilen; man ruft mich, Andreas Heusler zu unterhalten. Besten Gruß von Deinem Rudi» (R. G. Binding, Die Briefe, S. 34) – so schreibt der Neunzehnjährige an seine Großmama Johanna Wirsing in Frankfurt und weiht uns damit gleich in die Atmosphäre seines Vaterhauses ein: Rudolf G. Binding, Sohn des bekannten Strafrechtlers Karl Binding, wurde in Basel geboren und profitierte früh von der Anziehungskraft seines Vaters, von seinem Umgang mit damaligen Gelehrten aus Süddeutschland und der Schweiz. In jeder Hinsicht war für ein sorgenfreies Leben Gewähr geboten, das der junge Binding selbst gestalten konnte und durfte.

Sicher ist die extrem starke Entwicklung seines ästhetischen Sinnes großenteils dieser vornehmen, bildungsfreundlichen Umgebung in Kindheit und Jugend zu verdanken. In Gesprächen und mit Hilfe von Literatur wurde das Fundament gelegt für eine wesentliche Komponente in Bindings Novellen, Briefen und Gedichten: die einen Interpreten stoßen sich daran, die andern sehen in Bindings Hochschätzung der Form seine dichterische Kraft aufs schönste bewiesen, kurz: man orientiert sich an diesem Punkt, und es hängt nun viel davon ab, wie der einzelne die «Gnade der Form» (R. K. Goldschmit, in R. G. Binding, Unvergängliche Erinnerung, S. 74) bewertet. E. Alker hält dem Dichter zwar zugute, «daß er für seine Zeit in einem als klassisch geltenden Stil trotz dem Bezug zu elegantester Epigonik Vorbildliches gab», daß er aber «kaum das selbstgegebene Gesetz für das Gesamt seines Lebens und damit seines Schaffens erfüllt» habe, nämlich «Gestaltung und Ausdruck innerster Empfindung in äußerster, zwingender Bestimmtheit» (E. Alker, S. 846).

R. K. Goldschmit hält fest, daß eine Griechenlandreise den jungen Binding die Welt der schönen Formen habe entdecken lassen; von da an habe sie ihn erfüllt und beherrscht, und manchmal sei seine gewählte Sprache schon so, daß man überkritisch sagen könne, das Geschmackliche herrsche vor (R. K. Goldschmit a. a. O., S. 74, 78).

Anhand einer Schriftprobe will demgegenüber der Binding-Kenner und -Herausgeber L. F. Barthel doch betonen, daß Binding nicht mit George zu verwechseln sei. Was L. F. Barthel hier in kurzen Sätzen zur Schrift

Bindings sagt, gilt auch für den Inhalt der Leistungen: «... Bindings Züge atmen. Es ist der Atem des ‹Erlebten Lebens›» (L. F. Barthel, in R. G. Binding, Die Briefe, S. 8).

Damit kommen wir auf Bindings Autobiographie zu sprechen, die auch von einem aus ideologisch-politischen Gründen besonders kritischen Betrachter wie E. Alker als zum Kunstwerk erhobener Daseinsbericht bezeichnet wird. Wie hätte sich aber diese feinrastrige Chronik ergeben ohne Bindings Eleganz und Ritterlichkeit im Denken und Formulieren? Fern von abstoßender Egozentrik und Selbstverliebtheit weiß Binding zurückzutreten hinter sein Gemälde, «als ob er der Chronist einer fernen Vergangenheit wäre, die er in unsere Gegenwart hineinnehmen will» (R. K. Goldschmit a. a. O., S. 78).

Zuweilen, zum Beispiel auf den ersten Seiten der «Kindlichen Odyssee» (Titel des ersten Teils von «Erlebtes Leben» in der Originalfassung), scheint Binding nicht so bescheiden; seine Selbstbesinnung erweist sich dann aber als Studie besonderer Art. Er will die Umgebung seiner ersten «bewußten Zeit» heraufholen, doch die Dinge gehorchen ihm nicht; weder kann er sich genau entsinnen, wer die Frau war, die ihn trug, noch wie er bis zur Türe des Hauses gelangte, aus dem er getragen wurde und wo das Haus stand bzw. was es bedeutete: «... davon habe ich nicht die leiseste Vorstellung oder Erinnerung zurückbehalten» (R. G. Binding, Unvergängliche Erinnerung, S. 3). Was geblieben ist, ist das Erlebnis einer Richtung, die Wendung der (ihn tragenden) Frau und das dadurch in seinem Körper ausgelöste Gefühl. Die «Dinge an sich» treten also zurück. Wichtig ist die – individuell geprägte – Art, sie zu erfassen, zu erleben. Diese Haltung hat nichts zu tun mit Verliebtheit in eigenes Erleben, sehr viel aber mit dem Wunsch des Dichters nach möglichst aufschlußreicher plastischer Darstellung.

Heinrich Böll

21. 12. 1917 in Köln. Buchhändler-
lehre. Studium der Germanistik. An-
gestellter. Seit 1951 freier Schrift-
steller in Köln. 1972 Nobelpreis.

Zitat aus « Über Herkunft und
Milieu», in: Welt und Wort 1960,
S. 143. Erwähnt: «Ansichten eines
Clowns», Roman, Köln 1963.

Wer sich Heinrich Bölls Geburtsjahr anschaut und – irgendwann, irgendwo – zur Kenntnis genommen hat, daß Böll Deutscher, genauer: Rhein-
länder ist – aus der «konkurrenzlosen» Metropole dieser Flußlandschaft
stammend (W. Roß, in: M. Reich-Ranicki, In Sachen Böll, S. 15) – der
wundert sich nicht, daß dem mehr als Vierzigjährigen als frühestes Erinnerungsbild ein vom Krieg geprägtes aufsteigt. Böll und das Thema Krieg
gehören zusammen; der Dichter hat mit seinen sprachlich-künstlerischen
Mitteln Entscheidendes beigetragen zur Überwindung der schrecklichsten
Jahre, zur geistigen Wiederbelebung einer verwüsteten Nation. Bei Böll
findet man, im Gegensatz zum Beispiel zu Wolfgang Borchert, neben
allem kriegsbedingten Mißtrauen immer auch einfache Sittlichkeit und
dogmenlose Frömmigkeit – wonach sich eine entwurzelte Generation
sehnt (W.J. Schwarz, Der Erzähler Heinrich Böll, S. 12). Man kennt
seine Heimkehrer, seine Transportzüge, von Grenzen weg, zu Grenzen
hin, die Dirnen, die Freudenhäuser und Lazarette, die Küchen und
Schlafzimmer, in denen kein einziges Wort mehr gesagt wird... Und seit
diesem Selbstporträt («Über Herkunft und Milieu») kennt man auch die
heimkehrende Armee Hindenburgs, die dem kleinen Kind auf dem Arm
seiner Mutter grau, trostlos und – wieviel Ironie steckt im dritten Attri-
but! – ordentlich erscheint. Ordentlich, wo es doch die Ordnung nirgends
mehr gab, weder im Hinterland noch an den Fronten, weder in Rußland,
in der Ukraine, in Belgien noch in Frankreich! Ob dem Kind tatsächlich
eine «Ordnung» der Kolonnen auffiel oder ob sie vom Schmerz des sich
Erinnernden diktiert wurde?
Die Sprache ist schmucklos, trocken, ihr einziger Stolz: Wahrhaftigkeit;
sie ist den Inhalten angepaßt, die nichts anderes verlangen als registriert
zu werden, auf daß man wisse, wie es damals war... W. Weber sagt in
anderem Zusammenhang, die Sprache Bölls enthalte kein einziges hohes
Wort, sie sei Sprache als Registratur, nicht eigentlich aufs Erzählen hin
angelegt, sie arbeite immer mit banalem Wortgut (W. Weber, in: M. Reich-
Ranicki, In Sachen Böll, S. 78). Und richtig: Böll bringt am Anfang
unseres Zitats Stichworte, reiht halbe und ganze Sätze aneinander, nur
durch Kommas, Strich- oder Doppelpunkte werden sie voneinander ge-

trennt, sie jagen sich, wie die Ereignisse damals, im Bewußtsein des Kindes, einander rasch folgten, nur ein paar «Denkwürdigkeiten» auf immer zurücklassend, die Tatsache zum Beispiel, daß man für eine Billion Mark eine Zuckerstange bekam und den Inhalt von ein paar Lohntüten mit dem Leiterwagen abholen mußte... Diesem radikalen Drang nach wahrheitsgetreuer Darstellung ist es wohl auch zuzuschreiben, daß Böll oft nicht mehr bloß als Chronist, sondern als Richter auftritt (vgl. zum Beispiel «Ansichten eines Clowns», 1963), versehen mit den scharfen Waffen eines bitteren Spötters.

TEXTERKLÄRUNG
Hindenburg, Paul   (1847–1934) General-Feld-
                                marschall; 1916–1919 Chef des
                                Generalstabs des Feldheeres

Ulrich Bräker

22. 12. 1735 in Näppis (Näbis)
bei Wattwil (Kanton St. Gallen) –
11. 9. 1798 in Wattwil. Hütejunge,
Knecht, Diener eines preußischen
Werbeoffiziers, Weber. Erwarb sich
als Autodidakt besondere literarische
Kenntnisse.

Zitat aus «Lebensgeschichte und
natürliche Ebenteuer des armen
Mannes im Tockenburg» (1789),
in: Bräkers Werke in einem Band
(1964), S. 90–93.

Der Näbis Uli (Naebis Ueli) vom Näppis bringt naiv und stilistisch un-
besorgt aufs Papier, was er aus seinen ersten Lebensjahren weiß: scheinen
ihm Mundartausdrücke naheliegend, verwendet er sie hemmungslos
(dreckigt, morndeß, zermürset usw.); verschiedene Wortformen (Kerle,
Kerls) haben nebeneinander Platz, und ungewöhnliche Zusammensetzungen (Windhelle, wildangelaufen) sollen nicht erstaunen. Es wäre eine
Freude, den – zeitunabhängigen – sprachlichen Eigentümlichkeiten des
«armen Mannes im Toggenburg» nachzugehen und von diesem Blick-
winkel aus ein (Teil-)Porträt zu versuchen.
An der Stelle kann es sich nur darum handeln, Bräker stichwortartig ein-
zuordnen in die Reihe der zu Wort kommenden Dichter und Schriftsteller
und den Inhalt der wenigen Seiten aus Bräkers Lebensbeschreibung auf
Grund unserer Vergleichsmöglichkeiten knapp zu analysieren.
Bräker stammte aus einer kinderreichen Bauernfamilie und brachte es
selbst nie zu finanziellem Wohlstand und zur Zufriedenheit mit den Fü-
gungen des äußeren Lebens. Der Garnhandel und die Wollweberei trugen wenig ein, und seiner Frau Salomé war eine Art Herrschsucht eigen,
die wohl viel Spontanes, Schöpferisches in dem schreib- und wander-
lustigen Mann unterdrückte.
Dennoch hat Bräker drei Werke hinterlassen, die gerade wegen ihrer
verblüffenden Einfachheit und dem scheinbar zufällig gelungenen Raf-
finement durch die Literaturgeschichten hindurch diskutiert und vielfach
lobend erwähnt werden: die Lebensbeschreibung (1789), das Tagebuch
(1792) und die Arbeit über Shakespeare (1780).
Die vorliegenden Abschnitte sind der Lebensgeschichte entnommen, den
Kapiteln «Mein fernstes Denken» und «Schon in Gefahr», die mit «Wie?
Schon Grillen im Kopf?» (welches von Uelis erster Liebe erzählt) zu den
anmutigsten, frischesten dieser Autobiographie gehören.
Wie zum Beispiel Theodor Fontane und Theodor Storm erinnert sich
Bräker vor allem an den Vater und seine Beziehung zu ihm. Die Mutter

tritt als Nebenfigur in Erscheinung, ferner indirekt in der Tatsache, daß Bräker auch als Schriftsteller deutlich eine religiöse Haltung zeigt (siehe S. Voellmy, S. 66).

Er befindet sich stets in der Gegenwart Gottes und spricht zwischenhinein mit ihm wie im Gebet («Gott, wie viele tausend Kinder...»). Ein Dichter wollte er ja nicht sein. «Geschrieben hat er in erster Linie, weil er glaubte, seinen Mitmenschen etwas sagen zu können. Dem Leben einen wahren Sinn zu geben war sein stetes Bemühen, das von einem inneren Drang wachgehalten wurde» (S. Voellmy, S. 34).

Martin Buber

8. 2. 1878 in Wien – 13. 6. 1965 in Jerusalem. Studium der Philosophie, Kunstgeschichte, Musik usw. Jüdischer Religionsforscher und Religionsphilosoph. Herausgeberische Tätigkeit. Übersetzer des Alten Testaments. 1938–1951 Lehrstuhl für Philosophie und Soziologie an der Universität Jerusalem.

Zitat aus: Paul Arthur Schilpp/ Maurice Friedman «Martin Buber» (1963), S. 1–2.

Werke von und über Martin Buber erschienen schon zu seinen Lebzeiten die Menge; H. Kohns ausführliche und «feinsinnige» (P.E. Rosenblüth, S. 9) Buber-Biographie nennt im bibliographischen Teil über dreihundert Titel. Dennoch fällt es ausgesprochen schwer, diesen Exponenten der jüdischen Religionsphilosophie als Schriftsteller zu fassen. Er hat zwar Legenden geschrieben, chinesische Geister- und Liebesgeschichten übertragen und ein keltisches Sagenbuch neu herausgebracht («Die vier Zweige des Mabinogi»), aber sein wesentliches Verdienst und Vermächtnis liegt darin, daß er den Chassidismus und den Zionismus zu Beginn dieses Jahrhunderts neu entdeckte und leidenschaftlich für sie eintrat. In diesem Sinne heißt es bei P.E. Rosenblüth: «Der Chassidismus ist... eine im wesentlichen mystische Lehre und enthält viele mystische Elemente. Gerade diese beiden Faktoren spielten eine wesentliche Rolle in fast allen Zeitläufen in der jüdischen Geschichte... Scholem stellt mit Recht fest, daß niemand um die Wiedersichtbarmachung dieser Züge im Judentum größere Verdienste als Buber hatte, der nicht mit wissenschaftlichen Methoden der Geschichte, Soziologie oder Psychologie an sie heranging, sondern mit der Intuition und Leidenschaft eines von einer neuen Entdeckung überwältigten Herzens» (S. 17–18). Trotz dieses religiös-philosophischen Schwergewichts kann und muß das vorliegende Zitat durch eine Äußerung des Schriftstellers Buber dem Verständnis näher gebracht werden.

Zu Beginn der Abhandlung «Die Kinder» (1933) steht der Satz: «Die Kinder erleben was geschieht und schweigen, aber nachts stöhnen sie aus dem Traum, erwachen, starren ins Dunkel: die Welt ist unzuverlässig geworden.» Weiter unten schreibt Buber: «Eltern, Erzieher, was ist gegen das Schlechtwerden, gegen das ‹Ressentiment› zu tun? Ich weiß nichts andres als dies: ein Unerschütterliches in der Welt des Kindes

sichtbar zu machen. Etwas, was nicht versagen kann, weil es den Wechsel-
fällen der geschehenen Geschichte, ihrer Labilität, nicht unterworfen ist,
nicht von der Stunde ist, sondern von urher» (Zitiert aus P. E. Rosenblüth, S. 86).

Illustriert nun nicht Bubers Erinnerung, die ins vierte Lebensjahr zu-
rückreicht, die hier ausgesprochene Überzeugung, nämlich, daß das Kind
allein sei mit den Fakten der Welt und des Lebens, daß es während der
Konfrontation mit dem «Unabänderlichen» schweige und erst später er-
wache? Die Ehe der Eltern zerbrach, als Martin Buber drei Jahre alt war;
der Knabe lebte nun im Hause des Großvaters Salomon Buber in Lem-
berg. Jene Jahre verdienen «im Blick auf Bubers ‹Thema› und Lebens-
aufgabe hin abgehorcht zu werden» (G. Wehr, S. 12).

Auch das zweite Zitat aus «Die Kinder» (siehe oben) wird hier beispiellos
knapp und eindringlich am eigenen Erleben verifiziert, wenn Buber das
«Nein, sie kommt niemals zurück» gewissermaßen als ein «Unerschütterliches mit negativem Vorzeichen» erfährt und ein Leben lang bewahrt,
ja, wenn er seine «echten Begegnungen» alle in jener Kindheitsminute
vorbereitet sieht. Ferner wird das Abstraktum «Vergegnung» von Martin
Buber in wenigen Sätzen so klar definiert, daß auch von daher anzunehmen ist, ein Grunderlebnis habe den Begriff notwendig gemacht.

Hans Carossa

15. 12. 1878 in Bad Tölz (Ober-
bayern) – 12. 9. 1956 in Rittsteig
bei Passau. Studium der Medizin.
Bataillonsarzt im Ersten Weltkrieg.
Freier Schriftsteller.

Zitat aus «Eine Kindheit», in:
H. Carossa, Sämtliche Werke Bd. 2
(1962), S. 7–9.

Der Roman «Eine Kindheit» entstand während des Ersten Weltkrieges, in einer von Schreien und falschem Pathos verwirrten Zeit. Die leise Stimme eines verinnerlichten Beobachters wurde leicht überhört. Carossa – wegen seiner künstlerischen Hingabe an das Kleine nicht selten mit Stifter verglichen – arbeitete damals an einem Werk, das den kurzen Atem jener Tage überdauerte. Tatsächlich dringt auch in diesem umfangmäßig höchst bescheidenen Ausschnitt aus dem Anfangskapitel «Erste Freuden» des Selbstbekenntnisses «Eine Kindheit» das Unvergängliche durch. Der Leser faßt es aber erst in allen seinen Dimensionen, wenn ihm das Gesamtwerk des Dichters nicht gänzlich fremd ist. V. Brassel-Aeppli schreitet in ihrer Interpretation langsam von Kapitel zu Kapitel des Romans und versucht so, die Details – Inseln, wie sie sie nennt, «die scheinbar absichtslos und zufällig aneinandergereiht sind» und sich am Ende zu einem Ganzen zusammenschließen – möglichst sachgerecht zu werten. Wichtige erste Feststellung ist, daß das Kind in zwei aufeinanderfolgenden Phasen gezeigt wird: Zunächst erfährt es das Dasein unbewußt, allmählich wächst es in immer differenziertere Welt-Beziehungen hinein; zunächst üben nur Gegenstände ihre Faszination aus – «ein pyramidisches Granitstück» und eine «durchsichtig blaue Glasperle». Nehmen wir V. Brassel-Aepplis Überzeugung ernst, daß gerade bei Carossa das Äußere «Spiegel des Inneren» sei, daß es «das Eine, die ‹Grundfigur des Wesens›» erschließe, dann müssen wir uns auch kurz auf die «Inhalte» von Granit einerseits und Glasperle andererseits besinnen. Es würde zu weit führen, Carossas Abweichungen vom Goetheschen «Granitbegriff» zu analysieren. Das Wesentliche ist auch ohne derartige Vergleiche zu begreifen: «Das Feste, Harte, Schwere und das Lichte, Zarte, Schwerelose» (V. Brassel-Aeppli, S. 11) gehören zum Schönsten in des Kindes kleiner Welt; der Granit als «Grundlage meiner kleinen Gebäude» und die Glasperle, deren Bewegung «mit allem, was ich sonst wünschen und beginnen mochte, geheimnisvoll ineinander zu gehen» schien. Schon diese Formulierungen sollten – so denkt man nach mehrmaliger Lektüre – auch den flüchtigen Leser aufhorchen und Gültiges ahnen lassen.

Die nächste Stufe der Daseinserfahrung kündigt sich darin an, daß sich das Kind auch den Menschen zuwendet und von ihnen angezogen wird, sich nach ihnen richtet. Es spürt durch die Mutter hindurch «den sichern Gang der Welt», ist aber noch nicht fähig, das menschliche Gegenüber anders zu behandeln als bisher das leblose, ihm nicht nur mit Neugier, sondern auch mit Achtung zu begegnen; das quälende Spiel mit dem kehlkopfkranken jungen Menschen sei Beweis genug dafür; und daß der Kleine auch sich selbst – seine physischen wie die Kräfte seines Willens – noch keineswegs in den richtigen Proportionen sieht, zeigt die Probe mit dem silbernen Leuchter.

Dieses kurze, aber schmucke, reichhaltige Prosastück gibt insofern eine Ahnung vom ganzen Roman – bzw. vom Grundton im ganzen lyrischen und epischen Schaffen Carossas –, als sich hier zwar die wachsende Distanz zwischen dem Knaben und den Dingen manifestiert, andrerseits aber das bei Carossa auch anderswo anzutreffende Bedürfnis, «in jenes ursprüngliche Einssein mit allem rings Gegebenen zurückzukehren» (V. Brassel-Aeppli, S. 23), bereits seine Pole – Granit und Glasperle – gefunden hat.

TEXTERKLÄRUNG
Kanüle

Röhrchen, das nach Luftröhrenschnitt eingelegt wird

Friedrich Dürrenmatt

5. 1. 1921 in Konolfingen bei Bern.
Studium der Philosophie, Theolo-
gie, Germanistik. Zeichner, Illustra-
tor, Theaterkritiker, freier Schrift-
steller.

Zitat aus « Theater-Schriften und
Reden I» (1966), S. 32–33.

«Ich habe keine Biographie», gab Dürrenmatt einmal lakonisch zu verstehen (zit. aus «Der unbequeme Dürrenmatt», S. 6) und brachte in der
Folge manchen Interpreten davon ab, z. B. das Pfarrhaus in Konolfingen
für bedeutsam zu halten und in Theatergags oder Prosaeinfällen Dürrenmatts nach irgendwelchen privaten Veranlassungen zu suchen. So meint
W. Oberle: «Man kann seinem Schweizertum nachgehen, seiner Berner-
art; man kann einer schweizerischen Neigung zu moralischer Zeitkritik
und zu verborgener Idyllik nachforschen: man wird wohl einiges her-
ausfinden, aber kaum Entscheidendes» (W. Oberle, in «Der unbequeme
Dürrenmatt», S. 10).
Wie verhält man sich nun gegenüber ein paar beinahe fragmentarisch
anmutenden Kindheitserinnerungen, die mit dem übrigen Werk des
Autors womöglich nicht in Verbindung gebracht werden sollten und die,
weil sie nur so nebenher (in den «Theater-Schriften und Reden») auf-
tauchen, zu kurz oder gar nicht zum Zuge kommen bei heutigen und
gestrigen Dürrenmatt-Interpreten?
Vielleicht überläßt man sich am besten der eigenen «Gestimmtheit»,
dem individuell gefärbten Behagen oder Unbehagen beim Erleben dieses
Müsterchens Dürrenmatt'scher Prosa. Am Ende wird man das künstlerisch formulierte Paradox als das eigentlich Schockierende, Faszinierende,
Raffinierte und einfach Gelungene erkennen. Herkunft, tiefere Motiva-
tion und logische Notwendigkeit dieses Begriffs in Dürrenmatts Werken
sollen hier ganz außer Acht gelassen werden; eine einzige der möglichen
Definitionen (der voneinander nicht zu trennenden Begriffe «paradox»
und «grotesk») sei angeführt: «Das *Groteske* ist das Unstimmige, Un-
gereimte, Unharmonische; zum Grotesken gehört das *Paradoxe* [meine
Hervorhebungen]. Das Groteske ist das Gegenteil des wohlgeordneten
Kosmos, das Groteske ist die Dissonanz, die den Verlust der Harmonie
ausdrückt» (zit. aus «Der unbequeme Dürrenmatt», S. 15).
Ohne diese Kindheitserinnerungen unter Begriffe zwängen zu wollen,
welche hauptsächlich für Dürrenmatts Dramen Gültigkeit haben, muß
man doch der Tatsache Beachtung schenken, daß der Dichter das Para-

dox hier einflicht und gerade dadurch seinen Sätzen die satirische Spitze gibt:
Das Zahnärztliche Institut malträtierte die Leute rundum und machte den Ort berühmt; der mit Volksgesundheit beschäftigte Zahntechniker war selbst klein und dick, stellte aber immerhin ein Volksbrot her, vor dem einen – Paradox über Paradox! – das kalte Grausen überkam... Die Frömmigkeit des Zahnarztes wird durch eine Übertreibung ironisiert und die der unübertrefflichen Betschwester auf eben die Art und Weise lächerlich gemacht («...die noch während des Melkens die Bibel las...»). Das will nun nicht heißen, daß in Dürrenmatts Konolfingen – wo selten ein Zug den Mut hatte, nicht anzuhalten – Ordnung und Harmonie verlorengegangen seien, im Gegenteil! «Diese Berner Pfarrhausatmosphäre Dürrenmatt-Zimmermann war vermutlich das Gegenteil von dem, was Friedrich später in seinen Werken darstellte, eine Welt, von der aus das Böse sich mehr als Fratze denn als Wirklichkeit ausnahm» (H. Bänziger, S. 125).
Wir schließen die kurze Betrachtung mit der trotzig-banalen Bemerkung: Dürrenmatt *hat* eine Biographie! Obwohl er sich – zu Recht – wehrt gegen biographisch-psychologisierendes Interpretieren seiner Werke, dürfte die heile Welt seiner Kindheit mitverantwortlich sein für seine Entwicklung zum grandiosen Satiriker. In anderem Zusammenhang und etwas umfassender formuliert S. Kienzle: «Über die Selbstdiagnose des verschont gebliebenen Schweizers gelangt Dürrenmatt zur Satire. Hieraus gewinnt er die Treffsicherheit gegen alles im Besitz Vorgegebene und Festgelegte. Das gilt nicht nur für Besitz im materiellen Sinn, sondern weit gezielter noch für geistige Orthodoxie und konservativ abgesicherte Gesellschaftsform...» (S. Kienzle, in D. Weber, S. 363).

TEXTERKLÄRUNG
Gotte   Patin

Marie von Ebner-Eschenbach

13. 9. 1830 in Zdislawitz (Mähren)
– 12.3.1916 in Wien. Aus tschechi-
schem Adelsgeschlecht. 1848 Heirat
mit Moritz Freiherr von Ebner-
Eschenbach, österreichischer Physi-
ker. Meist in Wien.

Zitat aus «Meine Kinderjahre», in:
M. v. Ebner-Eschenbach, Gesam-
melte Werke in drei Einzelbänden,
Bd. 3 (1972), S. 756–759.

Es gibt österreichische Stimmen – man mag sie als «landsmännisch-sub-
jektiv» abtun –, die das Erzähltalent Marie von Ebner-Eschenbachs mit
höchsten Prädikaten versehen; in ihren autobiographischen Schriften
wirke sie am stärksten, heißt es bei E. Alker, S. 614.
Blättert man ein wenig in den «Kinderjahren» oder in «Meine Erinnerungen an Grillparzer», so erfährt man auf beglückende Weise den Wahr-
heitsgehalt solcher lobender Aussagen:
In ihren eigenen Erinnerungen kann die Dichterin ihre adelige Herkunft,
ihr Herangebildetwerden zur Komtess, ihr Verhältnis zu einer «unabsehbaren» Verwandtschaft im richtigen Licht zeigen. Sie braucht ihr
«Du auf Du» mit dem Volk nicht speziell zu betonen; man liest es aus
ihrem Verhalten.
Marie von Ebner-Eschenbach zeichnet in unserem Zitat ihren Vater als
einen Unerbittlichen, der aber die Menschlichkeit kennt und Erbarmen
walten läßt, wo die Angst seine liebsten Geschöpfe, seine Kinder, vor ihm
«in den Staub» wirft; er ist milder und sympathischer als z. B. die Großmutter in «Er laßt die Hand küssen» (in: M. von Ebner-Eschenbach,
Krambambuli, S. 27–47), die sich zum Verzeihen erst entschließt, nachdem die Würfel gefallen sind und ihr Untergebener vernichtet ist. Ein
Vater, der gern ein Doppelfenster opfert, um seinem ältesten Töchterchen das Zittern zu nehmen, der die Unvorsichtigkeit des Kindes selbst
bewußt wiederholt, um die Distanz zwischen sich und der wimmernden
Kleinen in Geborgenheit umzuwandeln – wie erträglich gestaltet er doch
die Schloßatmosphäre!
Reizend ist der Hinweis auf das «Standesbewußtsein» des Fräulein Marie:
Die Kleine findet, dem – ach so gewöhnlichen, beschädigten, mit absto-
ßenden Käfern besetzten – Vieux-Saxe-Service sollte der Untergang bereitet werden! (Wenn man weiß, daß Marie von Ebner-Eschenbach als
erwachsene Frau eben gerade keinen Sinn hatte für irgendwelche – an-
gestammte oder erworbene – persönliche Privilegien, liest man die Szene
mit besonderem Vergnügen.)

In diesem Zusammenhang sei auf ein paar wenige Seiten «Erinnerungen an Marie Ebner-Eschenbach» hingewiesen, die einer ihrer Neffen verfaßte und damit ein unvergeßliches Bild zeichnete von der einflußreichen, in seinen Augen immer mit geheimnisvollen Schreibereien beschäftigten Tante. Nach seinen Worten war sie die Person, die man mit Recht fürchtete, wenn man die Köchin eine Gemeine gescholten hatte oder eine ganze Tafelrunde warten ließ, als kleiner Herr, um sich so richtig in der Rolle des Pascha zu gefallen...

Schon auf diesen wenigen Seiten klingt übrigens Hofmannsthalsches an: in Namen wie Fritzi und Pepi zum Beispiel. Der Spätherbst des Reiches, dessen Stimmen sie waren, Marie von Ebner-Eschenbach und Hugo von Hofmannsthal, ist hier festgehalten im Parfum eines der zahlreichen adeligen Häuser, des Hauses ihrer Kindheit.

Robert Faesi

*10. 4. 1883 in Zürich – 18. 9. 1972
in Zollikon. Studium der Germanistik. 1922–1953 Professor für neuere
deutsche Literatur an der Universität Zürich. Literarhistoriker, Essayist, Erzähler.*

*Zitat aus «Erlebnisse, Ergebnisse»
(1963), S. 20–23. Erwähnt:
«Zürcher Idylle», 8. Aufl., Zürich
1963.*

«Ein Kindheitstag wie ein anderer» – wohl: wie ein beliebiger anderer im noch jungen Leben dieses Zürcher Patriziers; wohl auch: wie ein Kindheitstag im Leben eines beliebigen anderen Zeitgenossen... Was Robert Faesi unter diesem Titel kundtut, sind wahrhaftig «gewöhnliche» Fakten: Das Kind ist Zeuge der elterlichen Morgentoilette mit all ihren Kompliziertheiten – Frühstück – Gang über den Markt mit der Mutter – Spielen zuhause mit den vertrauten Holzklötzen...

Ob der Kleine damals schon zur Schule ging, steht nicht fest. Die Neugier des Knaben angesichts des vielgestaltigen Inhalts von Vaters Hosen-, Westen- und Bratenrocktaschen ist verständlich, einfach «kindlich», und läßt keine Schlüsse auf das Alter zu. Der freie Stundenplan des Kleinen legt die Vermutung nahe, daß er sich noch ausschließlich in seinem eigenen Reich aufhielt, und auch die zufriedene Äußerung des Vaters über die «frühe Rechenkunst» weist eher in diese Richtung.

Die Schilderung als Ganzes trägt aber deutlich den bestimmten Schriftzug Robert Faesis, des einerseits graziös romantischen, andrerseits chronistenhaft konstatierenden Prosaepikers. Auch hier ist eine «Zürcher Idylle» angetönt, wie er sie – viel früher und unter eben diesem Titel – niederschrieb.

E. Alker spricht bei Robert Faesi von einer «Bewußtwerdung der schöpferischen Distanz zwischen fiction und reality» sowie von seinem «Wissen um die Überwindungsmöglichkeiten solcher ästhetischer Grundproblematik» (E. Alker, in: Neue literarische Welt, 1952/53). Gerade diese Gaben kommen aufs schönste zum Ausdruck, wenn der Erinnernde einerseits schildert, wie sich Vieles, Banales, im Tagesablauf der Familie «mit der Regelmäßigkeit einer Uhr» wiederholte, und wenn er andrerseits das auf heutige Leser besonders idyllisch wirkende alte, gemächliche Zürich zeichnet (das zwar mehr und mehr den «großstädtisch anspruchsvollen Geschäftsbauten und Läden zu weichen begann»), mitten drin das Wohnzimmer seiner Kinderjahre, holzverkleidet, voll von Spielschätzen! Reality und fiction sind da kunstreich ineinander verwoben; Nahtstellen gibt es nicht.

TEXTERKLÄRUNGEN

Bratenrock   scherzhaft für Gehrock
Hutte   Rückentragkorb

Heinrich Federer

7. 10. 1866 in Brienz BE – 29. 4.
1928 in Zürich. Studium der Theolo-
gie. Katholischer Priester. Ab 1900
Journalist, Redaktor an den «Zür-
cher Nachrichten». Ab 1907 freier
Schriftsteller in Zürich.

Zitat aus «Am Fenster» (1931),
S. 1–6.

Weder Inhalt noch dichterische Gestaltung von Federers frühesten und tiefsten Erinnerungen dürfen überraschen, wenn man sich die Konstitution des Verfassers vergegenwärtigt: Seit seinem dritten Lebensjahr war er oft wochenlang durch Asthma ans Bett gebunden (vgl. H. Aellen, S. 3–4.) und damit vor allem auch gedanklich bedeutend stärker auf sich selbst verwiesen, als man es einem Kind wünschen dürfte. Er wurde «ein von Krankheit beengter Sinnierer...., dem jede heftige Bewegung wehe tat und der seine dynamischen Kräfte an die Ausmalung von Zuständen verschwenden mußte» (V. Ott, S. 80). Das Fenster – eine nähere Lagebeschreibung erübrigt sich auf Grund seiner besonderen Funktion – des «mächtigen Doktor-Omlin-Hauses» wurde bald zum «Auslug» auch im übertragenen Sinn: Es ermöglichte Federers Kontakte zur Außenwelt – zu Dorfplatz, Bach und Wiesenstreifen. «Am Fenster» heißt die Nacherzählung seiner Jugend; am Fenster wurde all das¹ʒʒɹ striert und verarbeitet, was – trotz oder gerade wegen der starken räumlichen Reduktion der Welt – auf das Kind, später auf den heranwachsenden Knaben zukam und was er selbst entdeckte. Federers Haltung gegenüber der Realität im ganzen wurde immer eindeutiger die des phantasievollen Betrachters, nicht die des erfahrenen Genießers.

V. Ott betont, daß Federer eine ausgeprägte «Personbeziehung» gehabt habe: «Ich verstehe darunter jene innige Beziehung zu allen Dingen;... Persönliches Gegenüber ist ihm alles: Die Klänge, das Wasser, die Straße, die Wolken, die Berge; alles das lebt, denkt, spricht, zürnt, trauert, kurz: hat alle Regungen des Menschen auch in sich» (V. Ott, S. 78). Wo ließe sich diese allgemeine Feststellung leichter und nuancierter nachweisen als in unserem Zitat: Die schwarzen Punkte des Röckleins werden zu kriechenden, rutschenden, kribbelnden Käfern, ja das Schwarz und Rot des «Meitlirocks», d. h. der rote Grund mit den dunklen Punkten, wird zu einer unheimlich wachsenden, alles überschwemmenden Macht, der das Kind einerseits souverän gegenübersteht («... ein Instinkt sagte mir..., ich sei also der Mächtigere von uns zweien»), andrerseits entwaffnet

(«Und dennoch entlief es mir ins Grenzenlose und spottete meiner, war also wohl noch stärker»). Und daran anknüpfend wird über die unerfreuliche Situation des Menschen philosophiert, über sein Hin und Her zwischen Mögen und Unvermögen, zwischen Endlich und Unendlich; der «Wechselbalg» wird zum konkreten Gegenüber, wenn Federer schreibt, man kratze sich an ihm fast zu Tode.

Ähnlich werden Tapetenmuster, Bodenplättchen, Vorhang, Lampe und Uhr lebendig (mit Federers Worten: «vernebelt und phantastisch verzerrt») und erfüllen die enge Welt des kränklichen Kindes mit soviel Schrecken und Freude, daß es gemütsmäßig noch einmal mehr beansprucht ist als ein gesundes.

Die auf unser Zitat folgende zweite, «noch tiefere» Erinnerung ist gleich beschaffen: Es geht um eine gelbe Fahne, die sich trotzig bauschen und lachend wieder glätten kann.

TEXTERKLÄRUNGEN

Stanserhorn	Berg im Kanton Unterwalden
Brienz	Dorf im Kanton Bern
Sachseln	Dorf im Kanton Unterwalden

Theodor Fontane

30. 12. 1819 in Neuruppin (Potsdam) – 20. 9. 1898 in Berlin. Apotheker. Berichterstatter in London. Mark-Wanderungen. Kriegsberichterstatter in den Kriegen der Bismarck-Aera. Theaterkritiker. Freier Schriftsteller.

Zitat aus «Meine Kinderjahre», in: Th. Fontane, Ausgewählte Werke in Einzelausgaben, Bd. 4 (1964), S. 23–24.

Im Verlauf von knapp zwei Monaten wurde die Autobiographie «Meine Kinderjahre» niedergeschrieben: Im November 1892 stürzte sich Fontane in diese Arbeit, von der er sich heilende Wirkung versprach – ein schweres Nervenleiden hatte ihn befallen –, und tatsächlich durfte er später selbst feststellen, daß er sich über diesem Werk wieder gesundgeschrieben habe.

Ohne daß man sie im Vorabdruck hätte lesen können, wie sonst ausnahmslos alle Alterswerke Fontanes, erschienen die Erinnerungen auf Weihnachten 1893 bei Friedlaender, und sie hatten von Anfang an eine Ausnahmestellung innerhalb der deutschen Autobiographik (H.-H. Reuter, Fontane II, S. 764).

Die Sekundärliteratur zögerte nicht – begreiflicherweise –, Parallelen zu ziehen zwischen den «Kinderjahren» und z. B. Goethes «Dichtung und Wahrheit», aber gleichzeitig wird auch immer wieder das auffallend Unterschiedliche hervorgehoben. H.-H. Reuter sagt: «... der offen oder insgeheim *autobiographische* Bildungsroman lag außerhalb des Spielraums des *gesellschaftlichen* [meine Hervorhebungen] Schriftstellers Fontane» (H.-H. Reuter, Fontane II, S. 763). Er trennte die beiden Gattungen bewußt und klar. Die «Effi Briest» konnte und durfte nicht dieselbe Aufgabe erfüllen wie die «Kinderjahre», dem «Stechlin» waren andere Aussagen vorbehalten als dem autobiographischen Werk «Von Zwanzig bis Dreißig».

Gerade hierin unterscheidet sich Fontane von Goethe: Die gesellschaftliche Ambiance ist nicht integrierender Bestandteil im autobiographischen Schaffen Fontanes; bei Goethe jedoch steht wohl jedes Kapitel festgefügt im sozialen und politischen Rahmen der damaligen Zeit.

Um Fontanes Absichten positiv zu umschreiben: Er greift auf die Kinderjahre zurück, weil darin «der ganze Mensch» stecke und will in diesem Sinne eine Lebensgeschichte schreiben. Wenn es ihm nicht gelinge, so verbleibe ihm «immer noch die Hoffnung, in diesen... Aufzeichnungen wenigstens etwas Zeitbildliches» (Th. Fontane in seinem Vorwort zu den «Kinderjahren») zu geben.

Was meint Fontane mit dem Zeitbildlichen? Nicht eben die Darstellung der Verflochtenheit seines Lebens mit dem Sozialen, Kulturellen, Politischen, wie wir sie oben für die «Kinderjahre» verneinten?

Man darf sich durch diese Bemerkung des Dichters nicht irreführen lassen: Wie sehr er auch im Vorwort zu den «Kinderjahren» betont, hier werde «das Bild einer kleinen Ostseestadt aus dem ersten Drittel des Jahrhunderts und in ihr die Schilderung einer noch ganz von Réfugié-Traditionen erfüllten Französischen-Kolonie-Familie» gezeichnet – unverkennbar ist doch, daß der Hauptakzent nicht auf den Gegebenheiten der Zeit liegt, sondern daß der «Held» des Buches Louis Henri Fontane ist, der Vater des Dichters! (vgl. Th. Klaiber, S. 203). Das Wachsen des Kindes an ihm, die Erkenntnis der offensichtlichen Schwächen des Vaters, die Abwendung und erneute Sympathie des jungen Menschen für den eher unsteten Lebensgefährten seiner Mutter – all das ist Thema des Bandes und zeigt sich logischerweise schon zu Beginn: «Bereits auf der dritten Seite seines Erinnerungsbuches ist er bei demjenigen Zug seines Vaters angelangt, der ihm als der charakteristischste erscheint» (H.-H. Reuter, Fontane I, S. 72). In knappen Worten heißt das: Fontane schält unverzüglich heraus, was ein «geborener Causeur» (H.-H. Reuter, Fontane II, S. 762) ist – vom Format seines als Apotheker wenig erfolgreichen Vaters –, der mit einer Menge «Kleinkram» unerhört tiefsinnig und breit belehren kann: «Wenn ich gefragt würde..., welchem Lehrer ich mich so recht eigentlich zu Dank verpflichtet fühle, so würde ich antworten müssen: meinem Vater, meinem Vater, der sozusagen gar nichts wußte, mich aber mit dem aus Zeitungen und Journalen aufgepickten und über alle möglichen Themata sich verbreitenden Anekdotenreichtum unendlich viel mehr unterstützt hat als alle meine Gymnasial- und Realschullehrer zusammengenommen» (Zit. aus H.-H. Reuter, Fontane I, S. 73). Der Sohn selbst hat ja das Causieren meisterhaft verstanden und darin seine Wesensverwandtschaft mit dem Vater gesehen. Fontane ist als alter Mann – noch im Vorfeld der großartigsten Beweise seines epischen Könnens – der Ansicht, daß es richtig sei, diesen «Kleinkram» zu erzählen, weil der Zauber und alles Interesse im Detail steckten.

Wohl am eindrücklichsten erweist sich die Richtigkeit dieser Überzeugung Fontanes in unserem Zitat: Durch die offenstehende Hintertür sieht der Knabe – zufällig! – auf den Hof hinaus und wird entsetzter Zeuge des Schlachtens. Es handelt sich um ein scheinbar geringfügiges Alltagserlebnis, das sich in einem Miets- und Schlächterhaus eben «ergibt»; allein die unmittelbare Reaktion des Kindes zeigt aber, daß es sich um folgenschweren «Kleinkram» handelt, und wie sich gerade diese Folgen im übrigen Schaffen Fontanes literarisch manifestieren, wäre zu untersuchen.

Gerd Gaiser

15. 9. 1908 in Oberriexingen/Enz (Württemberg). Studium der Malerei, Kunstgeschichte. Jagdflieger, Kriegsgefangener in Italien, Studienrat.

Zitat aus «Unter manchen Schwierigkeiten», in: «Zeitwende» (1968), S. 770–777. Erwähnt: «Mittagsgesicht und andere Erzählungen», Zürich 1968.

C. Hohoffs knapper Lebens- und Werkabriß über Gerd Gaiser wirkt, trotz der Kürze, sehr differenziert und kritisch; er stellt fest, daß sich Gerd Gaiser, wie viele seiner Zeitgenossen, sein Vaterbild später habe zurechtlegen müssen:

«Dieser geistliche Herr wird in der Erzählung eines gewissen Ertinger, im Mittagsgesicht, geschildert in seiner Tracht, schwarz mit den weißen Bäffchen, wie er steht in der Sakristei, sich sammelnd vor dem Hinaustritt zur Gemeinde. Er war ein zarter, tiefgründig frommer Mann, auf eine versteckte Weise feurig, nach außen solide und zuweilen linkisch, ‹in einer schüchtern glänzenden Vertieftheit›. Über Ertinger den Sohn und seinen Vater erfährt man in dieser Geschichte vor allem, daß die Künstlernatur des Sohnes einen Widerspruch zu dem schwerlötigen eigenen Wesen des Vaters bildete. Ertinger stellt es mit Reue fest. Soll er zur Welt des Vaters keine Beziehung gehabt, soll dessen religiöser Glaube ihm nichts gesagt haben? Wir sehen den Sohn den in der Kapelle aufgebahrten toten Vater zeichnen» (C. Hohoff, S. 8).

Demnach wirft diese Erzählung «Mittagsgesicht» genau das Problem auf, das Gerd Gaiser schon als Kind beschäftigte und das mit den Jahren immer deutlichere Konturen annahm. Es geht um die Verschiedenheit von Vater und Sohn, geschildert aus der Sicht des Sohnes – der junge Ertinger empfindet Reue, als er die Verschiedenartigkeit wahrnimmt! –, eines jungen Mannes, der anders veranlagt ist als sein Vater, unwillkürlich zu seiner Verwirklichung drängt, aber auf Grund irgendwelcher stärkerer Kräfte dem Gegebenen verbunden, verhaftet bleibt. Daß er den toten Vater zeichnet, den «Fremden» in ein paar Strichen fest-hält, spricht sehr für seine «Bindung trotz allem».

Nicht anders in den hier zitierten frühesten Kindheitserinnerungen: Das Kind kann sich einerseits nicht erklären, was denn eigentlich der Beruf des Vaters und im speziellen der Heiland mit ihm zu tun habe; andrerseits sieht der Knabe ein, «daß in der gegebenen Welt eine Trennung nicht akzeptiert» wird, eine Trennung also zwischen dem (fremden) Erlöser und ihm, im engeren Sinn: zwischen der väterlichen Welt und der seinen.

H. Bienek fragte Gerd Gaiser in einem aufschlußreichen Interview: «Könnten Sie sagen, welche Ereignisse und Erlebnisse die Art Ihres Schreibens geformt und welche Zeit, sagen wir welches Alter, einen Schriftsteller am stärksten zu beeindrucken und zu prägen vermag?» (H. Bienek, S. 210). Und der Schriftsteller – ein Dichter will er nicht genannt werden – antwortet: «Nennen möchte ich die Lebensform meines Vaters, obwohl – und weil – seine Natur von der meinen so verschieden war» (H. Bienek, S. 210).

Interessant ist auch die lakonische Bemerkung des erwachsenen Gerd Gaiser zu seinem im Kindesalter vollzogenen Kompromiß: «So lebte ich auf zwei Geleisen.» Das war die «Lösung» im damaligen Engpaß zwischen elterlichem Gebot und kindlicher Schläue. Daß solcherlei frühe «Selbsttherapie» nicht zu Befreiung und beglückender Selbstfindung führen kann, wird gegen Ende unseres Zitats klar: «Die Existenz meines Vaters vermittelte mir einen furchtbaren Begriff von Glauben.» Das Kind trägt also eine entsetzliche Erinnerung an all das in seine Erwachsenenwelt hinüber, was es in frühesten Jahren gezwungen hatte, ein Doppelspiel zu treiben.

Curt Goetz

*17.11.1888 in Mainz – 12.9.1960 in
Grabs SG. Schauspieler. 1923 Heirat
mit Valérie von Martens. Farmer in
Hollywood. Ab 1945 in der Schweiz.*

*Zitat aus «Die Memoiren des Peter-
hans von Binningen» (1960), S. 40–
42. Erwähnt: «Die Verwandlung
des Peterhans von Binningen»
(Bd. 2), «Wir wandern, wir wandern...» (Bd. 3). Beide Bde. Stuttgart 1960–1962.*

Anläßlich seines siebzigsten Geburtstags hielt er eine Rede, der energie-
volle Fabrikant vieler fein- und scharfsinnig pointierter Bühnenwerke
und zugleich begabteste Darsteller seines eigenen Wortes auf der Bühne.
Und er ließ der C. G.'schen Eigenart Gerechtigkeit widerfahren: Er griff
zu einem Trick (nicht erstmals, wie gerade die Autobiographie in extenso
zeigt), der ihn sowohl als Schauspieler wie als nuancenreichen Humo-
risten zur Geltung kommen ließ: Curt Goetz unterzog sich einem fingier-
ten Interview mit dem Jubilar, d. h. mit sich selbst – was ihm «die dis-
krete Chance gab, einen Schritt von sich wegzutreten. Dann hieß es in
dem Bekenntnis: ‹er›. Denn im Parkett, das ihn feiern wollte, saßen, ein
schöner, lebendiger Kranz für ihn, nur Kollegen, eben Leute wie jener
‹er›, die sich einem ‹es› verschrieben hatten, dem Theater.» – Soweit W.
Wien im Vorwort (S. 5) zum «Großen Curt Goetz Album», das von
Valérie von Martens, der Frau und Bühnenpartnerin C. G.s, herausge-
geben wurde (1968).
Auch in seiner Autobiographie hat sich Curt Goetz der Er-Form bedient,
einerseits wohl, um sich selbst deutlicher zu sehen, objektiviert – auch
gefühlsmäßig –, andrerseits, um sich hemmungslos über das Ich auszusprechen, ohne gleich egozentrisch, unbescheiden zu wirken; er distan-
ziert sich von C. G. und bleibt sich selbst und seiner Art, verschmitzt zu
lächeln, gerade deshalb treu. Autobiographisches Erzählen auf dem Umweg über die Er-Form ist ihm angemessen, der zwar selbstbewußt unter
ein Bildchen schrieb, welches ihn als kleinen Matrosen zeigt: «Das bin
ich! Jawohl!» (V. von Martens, S. 10), sonst aber im ganzen Leben sich
lieber zurückhielt oder verkleidet auftrat.
Daß Peterhans von Binningen seine schwierigen Patienten nicht verließ,
ehe er sie zum Lachen gebracht hatte, darf man ihm aufs Wort glauben:
Vom wirklichen Peterhans namens C. G. ist uns ja z. B. überliefert, daß
er – in den von seiner Mutter geleiteten Privatkliniken zu Halle – als
Elfjähriger den ersten Akt des «Wilhelm Tell» auf die Puppenbühne

brachte und größte Heiterkeit auslöste! — Überhaupt ist es äußerst vergnüglich, dem lustig-ernsthaften Gernegroß zu folgen, auch in der Memoiren zweitem und drittem Teil («Die Verwandlung des Peterhans von Binningen» und «Wir wandern, wir wandern...»).

Franz Grillparzer

15.1.1791 in Wien – 21.1.1872
in Wien. Studium der Jurisprudenz,
Staatswissenschaft. Hauslehrer, Hof-
meister und -bibliothekar, Theater-
dichter des Burgtheaters, Hofrat.

Zitat aus «Sämtliche Werke»
(1925), in: Willibald Klinke «Schön
ist die Jugend» (1948), S. 284–289.

Einer der feinfühligsten Grillparzer-Interpreten und -Verehrer, Ernst Alker, setzt diese kurze Bemerkung über das gesamte äußere Leben seines Landsmannes: «Sein äußeres Leben verlief in Stille und Enge» (E. Alker, S. 142).
Die hier zur Sprache kommenden Zeilen legen denn auch Zeugnis ab für die Stille und Enge in Grillparzers erster Lebensphase: In völliger Vereinzelung wächst er heran, formlos und trüb nennt er seine frühesten Kinderjahre; finster und trüb sind die riesigen Gemächer des Geburtshauses, das Arbeitszimmer des Vaters lichtarm; Ratten hausen im Holzgewölbe nächst der Küche und rechtfertigen das Schaudern der Kinder. Der Ankauf eines geräumigen Hauses im Gebirge scheint das Traurige der Stadtwohnung zu mildern, doch es folgt gleich die Beschreibung des verbotenen Reviers im weitläufigen Garten, und von einem gefährlichen Brunnen ist die Rede, der für das Kind bald etwas Mysteriöses annimmt und unwillkürlich an den von Stefan Andres erwähnten Brunnen erinnert (s. S. 140).
Stimmungsmäßig sind Anklänge an Grillparzers berühmte Novelle «Der arme Spielmann» bemerkbar: Das Kind kennt bereits jene Einsamkeit, jenes Nicht-gehört-werden, das dann auch dem armen Musikanten zu schaffen macht, der nicht einmal imstande ist, ein vorstädtisches Kirchweihpublikum mit seinem Instrument zu fesseln. Grillparzer erinnert sich, daß er nie ein Zeichen der väterlichen Liebe zu spüren bekam, obwohl er der älteste Sohn und der sogenannte «Liebling» seines Vaters war; man beschäftigte sich lieber mit dem dritten Bruder, der «durch unschädliche Wunderlichkeiten... erheiterte», und ganz eindrücklich wird die dem Knaben nicht gerecht werdende Sinnesart des Vaters ein paar Seiten später offenbar: «...erinnere ich mich noch, daß er einmal uns drei Kindern Peitschen machte. Meine Brüder bekamen ganz einfache, handsame, mit denen sie nach Herzenslust klatschten. Für mich, seinen vorausgesetzten Liebling, aber nahm er einen so dicken Prügel und eine so starke Schnur, daß ich damit nichts anzufangen wußte, obgleich er selbst, mich im Gebrauch unterweisend, dem ungeheuren Werk-

zeug weitschallende Klatsche entlockte» (Sämtliche Werke, Prosaschriften. IV. Abteilung. Selbstbiographie, S. 290).

Denkbar wäre – obwohl mit keinem Wort erwähnt –, daß Grillparzers gemütskranke Mutter verantwortlich war für die trüb-traurige Atmosphäre, die aus diesen Erinnerungen spricht.

Hans Habe

12. 2. 1911 in Budapest. Studium der Jurisprudenz, Germanistik, Philosophie. Journalist. Völkerbundskorrespondent in Genf. Chefredaktor. Freier Schriftsteller in Ascona.

Zitat aus «Ich stelle mich» (1954), S. 39, 42–45. Erwähnt: «Wie einst David», Entscheidung in Israel, Ein Erlebnisbericht, Olten 1971. «Erfahrungen», Olten und Freiburg i. Br. 1973.

Hans Habe ist ein Leidenschaftlicher, der bisher mit allen seinen Büchern Zustimmung und Widerspruch gleichermaßen weckte: In jüngster Zeit mit seinem Engagement in «Wie einst David», in diesen Tagen mit dem neuen Band «Erfahrungen». Abscheu und Bewunderung rief auch seine schamlos offene Lebensbeichte unter dem Titel «Ich stelle mich» hervor (vgl. F. Lennartz, S. 259), doch überraschend bescheiden klingt – ist sie es auch? – Habes Vorrede zu diesem Bekenntnis; er gibt dem Leser nicht etwa ein selbstbewußtes Statement mit auf den Weg, eine Gedankenfolge zum Thema des Sich-Erinnerns, nein, er formuliert eine ausdrückliche Entschuldigung und Rechtfertigung dafür, daß er «trotzdem» schreibe – obwohl er zu jung sei, zu wenig bekannt, zu aufrichtig und sich außerdem weder an Freund noch Feind wende, sondern allein an Vorurteilslose: «Dieses Buch verzichtet auf die Bequemlichkeit der Voraussetzungen. Es ist nicht geschrieben für jene, die sich eine Meinung gebildet haben, kaum für jene, die mich kennen. Eher schon für uns alle, die wir uns kennenlernen wollen. Es wirbt um nichts als den Glauben des Lesers, daß ich einen Menschen so sah, wie ich ihn schildere.»
Entscheidend bleibe dies: «Es [das Buch] ist, über alle Irrungen und Wirrungen hinweg, ein Gruß an das Leben. An seine atemberaubenden Schönheiten und seine befruchtenden Bitterkeiten, seine frühen Niederlagen und seine späten Triumphe.»
Das vorliegende Zitat wirft uns denn auch mitten hinein in eine der frühen «Wirrungen», führt uns durch eines der erschütternden Erlebnisse des Vierjährigen: Seine Bewunderung für den Vater bricht jäh zusammen, wandelt sich in maßlose Wut gegen die Widerstandslosigkeit des geliebten Menschen, der dem grausamen Diktat von oben – zur Zeit des Ersten Weltkrieges – einfach so gehorcht. Das Wort «Simulant» versteht der Kleine wohl nicht, aber seine negative Färbung ahnt er mit Schrecken, und ein «irrsinniger Trieb» drängt ihn nun durch Jahre hindurch zur Wiedergutmachung; im Zweiten Weltkrieg bietet sich die Gelegenheit.

Bekanntlich handelt es sich an dieser Stelle nicht darum, Zitate psychologisierend zu interpretieren (vgl. Vorwort, S. 11); eine Vermutung aber, die naheliegt und vielleicht zum Verständnis Habes beiträgt, sei erlaubt: Die tiefe Erschütterung des Kindes, die Wut in der Folge und der Wiedergutmachungsdrang während Jahrzehnten könnten verantwortlich sein für Habes Mut und Schonungslosigkeit in verschiedenen Punkten – für seinen vehementen Kampf z. B. gegen blinden Antiamerikanismus, gegen die Polarität Revolution/Reaktion, gegen den (Mode gewordenen) Linksdrall vieler Intellektueller usw. Habes Bejahung des Lebens «trotz allem», sein unzerstörbarer Sinn für die «atemberaubenden Schönheiten des Lebens trotz seiner Bitterkeiten» dürften in derselben frühkindlichen Verletzung ihren Ursprung haben. Er bemerkt ja selbst, daß sich der Prozeß, der sich damals vollzog, auf sein ganzes Leben auswirke – wie? Das soll der Leser auf und zwischen den Zeilen seiner Werke erfahren.

TEXTERKLÄRUNGEN

| Imre Békessy | Hans Habes (= Jànos Békessys) Vater |
| Isonzo-Front | Isonzo: Fluß in Oberitalien. Während des Ersten Weltkrieges wurden am Isonzo elf österreichische Abwehrschlachten ausgetragen. |

Gerhart Hauptmann

15. 11. 1862 in Ober-Salzbrunn (Schlesien) – 6.6.1946 in Agnetendorf (Schlesien). Kunstschule. Bildhauer. Studium der Philosophie, Geschichte. Reisen. Schauspielunterricht. 1912 Nobelpreis.

Zitat aus «Das Abenteuer meiner Jugend» (1962), S. 457–458.

«Aus der Perspektive des alten Mannes» schrieb Gerhart Hauptmann dieses «Memoirenwerk» (E. Hilscher, S. 21), d. h. er arbeitete daran zwischen 1929 und 1935, und schon rein äußerlich muß erkennbar gewesen sein, daß das Manuskript nicht von jugendlicher Hand «hingeworfen» wurde. Oskar Loerke vermerkte dementsprechend in seinem Tagebuch (1937), er habe «Das Abenteuer meiner Jugend» redigiert und «von Schludrigkeiten des Diktierens, von Altersphrasen befreit. Erschreckend, wie stereotyp dieser große Dichter werden kann... Etwa 5000 Änderungen» (zit. aus E. Hilscher, S. 500–501).

Was den Inhalt betrifft, stellt E. Hilscher (S. 21) fest, Gerhart Hauptmann sei seiner Jugend verhältnismäßig unkritisch gegenübergestanden und habe nur vereinzelt spätere Erkenntnisse in die Aufzeichnungen hineingetragen.

Ein Blick auf die frühesten Kindheitserinnerungen, im speziellen auf unser Zitat, zeigt vor allem, daß der sich Erinnernde als ein geschulter Denker die einzelnen Phasen seines Bewußtwerdens zeitlich möglichst genau anzusetzen und in Verbindung mit dem je einleitenden Erlebnis darzustellen versucht.

Leiden und Schmerz führten das Kind in die bewußte Welt ein; die vernichtende Gewalt einer zum Befehlen «uniförmlich» befugten Stimme machte es mit den wesentlichen Gegebenheiten der bewußten Welt bekannt, und im vierten Lebensjahr prägte sich dem Kleinen der Durchmarsch von Truppen – gefangener und verwundeter Österreicher – durch Salzbrunn ein, weniger im direkten Kontakt mit den teils schwer verletzten Soldaten als auf Grund des Verhaltens der beiden Brüder Georg und Carl diesen Geschundenen gegenüber.

Inwiefern diese frühesten Wahrnehmungen (Gliederschmerzen infolge von Mißhandlungen; menschliches Elend auf der Dorfstraße) den Menschen, den Dichter Gerhart Hauptmann prägten – so, wie ihn die sehr zahlreichen Interpreten und Biographen haben wollen –, bleibt eine offene Frage; Studien zu diesem Punkt müssen dort stattfinden, wo sie in die Tiefe und in die Breite gehen dürfen. Wie wird aber z. B. der Zusammenhang, dem unser Zitat entnommen ist – also «Das Abenteuer meiner Jugend» als Ganzes – in der Sekundärliteratur behandelt? Diese Frage ist hier am Platz, soll doch von den zitierten Abschnitten womöglich auf das Ganze der betreffenden Autobiographie verwiesen werden. E. Hilscher sieht in seiner textnahen Interpretation das «Abenteuer» vor allem als eine «intime Selbstverständigung und plauderreiche Jugenderinnerung» (E. Hilscher, S. 21); U. Hartmann betont einen anderen Aspekt: «Es ist das Charakteristische dieses Buches, daß der Erzähler – trotz einer manchmal bewußt hervorgehobenen Abstandsbetonung – auf jeder Stufe, die er schildert, zu dem wird, den er beschreibt... Die *Darstellungsweise des Kindes ist kongruent mit dem Sein des Kindes* [meine Hervorhebungen], und diese Kongruenz geht durch das Ganze hindurch» (U. Hartmann, S. 20).

K. S. Guthke bringt die Autobiographie in Beziehung zu einem ihrer «Vorläufer»: «‹Das Abenteuer meiner Jugend›,... reicht... an [sic!] der auf das Exemplarische verallgemeinernden Durchdringung des eigenen Lebensstoffes nicht entfernt an ‹Dichtung und Wahrheit› heran... trotz der Absicht, ‹im Persönlichen das Allgemeine› auszusprechen» (K. S. Guthke, S. 15–16).

Behält man einmal diese drei Äußerungen im Auge, so ist unser Zitat, wohl auf Grund seiner Kürze, nicht repräsentativ für das ganze «Abenteuer»: Der Intimitätscharakter (E. Hilscher) ist zwar bereits aus den wenigen Seiten ersichtlich, vom eigentlichen Plauderton (E. Hilscher) kann aber hier noch nicht die Rede sein; kindlich abgefaßt (U. Hartmann) wirkt das Ganze auch nicht – man denke an das scharfe Analysieren der Bewußtwerdungsphasen –, und der Vergleich mit Goethes «Dichtung und Wahrheit» müßte anhand konkreter Textbeispiele gerechtfertigt bzw. verworfen werden.

TEXTERKLÄRUNGEN

Remontepferde	jung eingestellte Militärpferde
Schlacht bei Königgrätz	3. 7. 1866; Sieg der Preußen über die Österreicher

Hermann Hesse

2. 7. 1877 in Calw (Württemberg)
– 9. 8. 1962 in Montagnola TI.
Uhrmacherlehre. Buchhändlerlehre.
Buchhändler und Antiquar in Basel.
1911 Indienreise. Freier Schrift-
steller. 1946 Nobelpreis.

Zitat aus «Hermann Lauscher»
(Ges. Werke 1, 1970), S. 218–221.
Erwähnt: «Kurgast», Frankfurt
am Main 1972.

Das gesamte dichterische Werk Hermann Hesses sei nichts anderes «als
eine Dokumentierung der kleinsten Schritte, Beobachtungen und Erfahrungen des eigenen Selbst», stellt U. Hartmann fest und nennt dies cha-
rakteristisch für den Dichter. Im folgenden soll die Aussage U. Hart-
manns anhand von Hesses Erinnerungen an die Anfänge seines bewußten
Lebens nachgewiesen und erläutert werden.
Unmißverständlich ist aus verschiedenen Formulierungen («zu allen Zeiten meines späteren Lebens», «mein Leben lang») sowie aus eingestreu-
ten «Reflexionen über die Rolle der Kindheit im Lebensganzen, denen
der Ton des Alters anhaftet» (N.J. Dornheim, S. 4) zu lesen, daß Hesse
zur Zeit der Niederschrift zumindest ein Mann mittleren Alters war. So
vermag er rückblickend Einzelheiten zu registrieren (vgl. H. Reichardt,
S. 9), um die sich Jüngere kaum bemühen.
Bei aller Skepsis gegenüber Hesses vielfach forciert wirkenden seismo-
graphischen Detailbeschreibungen ist zu beachten, daß er im «Kurgast»
schreibt: «Wirklich ist nur das Erlebte» (zit. aus W. Müller-Seidel, S. 33),
und von einer andern Seite her werden wir ebenfalls darin bestärkt, daß
auch die scheinbaren Nebensächlichkeiten in Hesses Texten (vgl. unsere
Ausführungen über den «Kleinkram» bei Theodor Fontane, S. 162) in unsere Betrachtung einzubeziehen sind: Was der Dichter nämlich anstrebt,
«ist eine Aufrichtigkeit des Sagens, die nicht mit pedantischer Wiedergabe des Faktischen zu verwechseln ist. Sie liegt für ihn in der ‹unbedingten Treue gegen das, was ich in mir noch leben spürte...›» (W. Müller-Seidel, S. 33).
Hesse notiert, daß der früheste ihm erinnerliche Tag seines Lebens etwa
in den letzten Teil seines dritten Jahres falle. Damals gewann die Angst
erstmals Herrschaft über ihn und hielt das Kind in schweren Träumen
gefangen. Es war eine metaphysische Angst, «die Angst des Schwindels»,
die Angst angesichts einer herzbeklemmenden Tiefe. Das Erlebnis scheint
alles Vorherliegende zum Nichterinnerlichen geschlagen zu haben.
Das Bedürfnis des Lesers, dieses Schaudern des Kindes auszudeuten, es

als existentiell zu interpretieren, ist verständlich, insbesondere, wenn ihn
z. B. «Siddharta» oder «Demian», das persönlichste Buch Hesses (U. Hartmann, S. 31), davon überzeugt haben, daß diese Dichtungen alle um ein
einziges Problem kreisen, die «Erkenntnisse und Enthüllungen über das
Rätsel der menschlichen Seele» (U. Hartmann, S. 30).
«Eine genauere Erinnerung an Erlebnisse und an fortdauernde Zustände»
setzt erst beim fünften Jahr wieder ein; die «Bilder» folgen eines dem
andern: die Spiel-, Blumen- und Schmetterlingswiese mit ihren «Herrlichkeiten», «unzählige Einzelheiten», das Porträt des Vaters, würdig
und klar, und schließlich das «unverlöschliche», leicht verklärte Bild der
Eltern, die durch ein «reiches, reifes Kornfeld» schreiten; dem Dichter
ist es das teuerste aller lebendigen oder gemalten Bilder, es «gestaltet
sich zu einem Urbild des Schönen» (N.J. Dornheim, S. 7) – als wohltuen-
des Gegengewicht zur Vision der Angst. Eindrücklich ist somit dieses
Kleinod aus Hesses Kindertagen zwischen Licht und Dunkel gespannt,
wie das Lebensganze.

TEXTERKLÄRUNG
das Münster   in Basel, wo die Familie 1881–1886
                                     lebte

Ricarda Huch

18. 7. 1864 in Braunschweig - 17. 11.
1947 in Schönberg im Taunus.
Studium der Geschichte, Philosophie,
Philologie. Sekretärin in der Zentral-
bibliothek Zürich. Lehrerin.

Zitat aus «Gesammelte Schriften»
(1964), S. 7–8, 10–11. Erwähnt:
«Gesammelte Werke», Bd. 5, Köln
und Berlin 1971.

Wie eine ihrer treuesten Gefährtinnen während Jahrzehnten, Marie
Baum, in der fesselnd geschriebenen Biographie bemerkt, gibt es wenige
Erinnerungen oder Rückblicke von Ricarda Huchs eigener Hand, denn
das Zurückschauen habe ihr ferngelegen. Hinzu kam ihre Eigenart, sich
nur ungern über sich selbst auszusprechen: «Man mußte Ricarda schon
sehr nahe stehen, um durch die Hülle von Anmut, Geist und Güte in den
Kern ihres Wesens zu schauen» (M. Baum, S. 11). Die zwei, drei Stellen,
die sich mit den ersten Lebensjahren befassen, waren denn auch mühsa-
mer zu finden als bei anderen Autoren:
Das eine ist ein Brief der sechzigjährigen Ricarda Huch zum fünfzigsten
Geburtstag Anton Kippenbergs, des Besitzers des Insel-Verlags – sie berichtet darin von den Jahren 1864–1874, die er selbst noch nicht miterlebt
hatte.
Beim zweiten Text handelt es sich um ein Geburtstagsgedicht («An Rudolf»; Gesammelte Werke Bd. 5 [1971], S. 312–314) für ihren achtzigjährigen Bruder. «Wie die Geschichten eines alten Buches, das man gemeinsam durchblättert, so läßt sie darin die Bilder aus der Kinderzeit
vorüberziehen, mehr für den Bruder als für sich selbst. Doch ehe sie Wehmut erwecken, macht sie das Erinnerungsbuch rasch und endgültig zu»
(H. Baumgarten, S. 14).
Ricarda Huch kann also nicht um ihrer selbst willen zurückblenden; es
schiene ihr unangemessen, einerseits auf Grund der wichtigeren Zukunft, andrerseits auf Grund der viel faszinierenderen Inhalte außerhalb
ihres eigenen Ich.
Wie unstatthaft und nutzlos der Vergleich zwischen Heinrich Federer
und Ricarda Huch auch sein mag: auf ein Detail sei in diesem Zusammenhang doch hingewiesen, gerade, weil es Charakteristika beleuchtet:
Heinrich Federer, der stark auf sich selbst Verwiesene, bleibt «beim Zu-
rückdringen ins Dunkel der Kindheit» stets an seinem *eigenen* roten Kleidchen mit schwarzen Tupfen stecken; Ricarda Huch, die nicht in erster
Linie sich selbst im Rückspiegel erblickt, erinnert sich an die roten Hosen
französischer Soldaten!

Die ungewissen Bildchen, die Ricarda Huch aus ihren frühesten Jahren erwähnt, diese «zarten Traumbilder», offenbaren Wesentliches – ähnlich wie die «Bilder» von Hermann Hesse (vgl. S. 174) – vor allem ihre Naturliebe und ihre bereits von «Geschichtsinteresse» durchdrungene Freude am Spiel. Von hier aus führen Entwicklungslinien unmittelbar zur erwachsenen Frau und ihrem schriftstellerischen Werk.

TEXTERKLÄRUNGEN

gefangene Franzosen, Sieg von Sedan

deutsch-französischer Krieg 1870/71; 2. 9. 1870: Napoleon III. kapituliert bei Sedan vor den Deutschen unter Moltke.

Meinrad Inglin

28. 7. 1893 in Schwyz – 4. 12. 1971
in Schwyz. Uhrmacher- und Kell-
nerlehrling. Studien in Philosophie,
Psychologie, Literaturgeschichte.
Redaktor. Ab 1923 freier Schrift-
steller.

Zitat aus «Werner Amberg»
(1949), S. 9–13.

«Werner Amberg» wird in der Kritik verschiedentlich mit dem «Grünen Heinrich» verglichen.

Knapp hundert Jahre liegen zwischen der ersten Fassung von Kellers mehr oder weniger autobiographischem Prosawerk und Inglins – allerdings sehr viel weniger umfangreicher – «Geschichte», und erstaunlicherweise taucht bei Inglin erneut stark und klar eine – vielleicht national bedingte – Eigenart auf: ein wohltuender Humor, fern von Spott und Sarkasmus, wie man ihn ähnlich bei Gottfried Keller genießen durfte. E. Staiger nennt den «Amberg» ein «beglückendes, trostreiches Buch für alle, denen bei ihren Streifzügen durch das gegenwärtige Schrifttum allmählich die Füße versagen» (E. Staiger, in: Atlantis 21/1949, S. 5), und er hebt anschließend ein zweites hervor, das auch von anderen Rezensenten als wesentlich anerkannt wird: die Ehrlichkeit des Menschen und Dichters Inglin. «Meinrad Inglin schreibt keine Zeile, die er nicht mit eigenem Wissen und Empfinden verantworten kann, und ist lieber gelegentlich allzu spröde und schlicht, als daß er sich nur ein einziges Mal entschließen würde, zu schwindeln und über Dinge zu reden, die er nicht übersieht und genau geprüft hat.»

Von Werner Weber wird dies bestätigt: «In keinem Wort, keiner Metapher, auch nicht in der Komposition duldet er etwas Unredliches, Theatralisches, also Mittel, die Schein erzeugen, hinter dem kein echter Brand steht» (W. Weber, in: Neue Zürcher Zeitung, 18. 11. 1949, Blatt 7).

Beide Qualitäten – Humor und Ehrlichkeit – sind auch bereits deutlich nachzuweisen in den ersten Kindheitserinnerungen von Werner Amberg. Wie das Ich auf löbliche und andere Züge seiner Ahnen eintritt, wie die Lausbubentat mit den Trommelschlegeln – oder vielmehr der Versöhnungsversuch mittels «Engelraub» – geschildert wird, ist eben: «beglückend».

Der Knirps bemüht sich vergeblich, es seiner Umgebung recht zu machen; wie dem Kind, mißlingt es später auch dem heranwachsenden Knaben, und so blickt man am Ende der Geschichte einerseits erschüttert und mitleidend auf die lange Kette von Mißgeschicken und schmerzlichen Enttäuschungen, andrerseits erinnert man sich des stets wiederkehrenden subtilen Lächelns zwischen den Zeilen; des Humors, der einen das Buch «trotz allem» zufrieden beiseitelegen läßt.

Zusammenfassend darf man sagen, daß sich Meinrad Inglin im «Werner Amberg» nicht nur seiner selbst zu erinnern versucht: Es gelingt ihm auch, sich als Dichter und Stilist zu finden.

TEXTERKLÄRUNG

Krimkrieg	1853–1856; Frankreich, England, Türkei und Sardinien gegen Rußland
Armee Bourbaki	französische Ostarmee, welche im deutsch-französischen Krieg 1871 in der Schweiz interniert wurde.

Jean Paul (Friedrich Richter)

31. 3. 1763 in Wunsiedel (Fichtel-
gebirge) – 14. 11. 1825 in Bayreuth.
Studium der Theologie, Philosophie.
Hauslehrer. Gründer und Leiter
einer Elementarschule. Freundschaft
mit Herder.

Zitat aus «Wahrheit aus Jean
Paul's Leben» (1826), S. 23–25.
Erwähnt: «Levana, ein Erziehungs-
buch» (entstanden 1805/06).

«Schmerz also hat meinen Geist erweckt, Leiden mich zum Bewußtsein
gebracht», konstatiert Gerhart Hauptmann (s. S. 56); als hilfloses Geschöpf mit Gliederschmerzen empfand er sich, sein Ich, erstmals. Jean
Paul nannte – mehr als hundert Jahre früher – die Erfahrung des Geliebtwerdens als eine seiner ersten bleichen kleinen Erinnerungen: «Ich
erinnere mich nämlich noch, daß ein armer Schüler mich sehr liebgehabt
und ich ihn...»
Nicht daß die beiden Dichter, die übrigens ganz verschiedenen gesellschaftlichen, politischen und sozialen Welten entstammen, auf den ersten
Blick Anlaß zu Vergleichen gäben: In Material und Stil unterscheiden sie
sich wesentlich voneinander, gerade, was ihre tief hinunterreichenden
Erinnerungen betrifft; ja sie präsentieren sich dem Leser als ein Gegen-
satzpaar und fordern ihn so indirekt zum Vergleich heraus.
Beide erinnern sich zwar an das Gefühl, auf den Armen getragen worden
zu sein, aber der eine, Jean Paul, wurde liebkost und gefüttert; Gerhart
Hauptmann weiß sich «durch irgend etwas aufs schwerste beleidigt»,
angebrüllt von einer Stimme, die ihn verstummen machte. Da ist es nicht
verwunderlich, daß Jean Paul sehnsüchtig von einer – möglichen – Begegnung mit dem damaligen Freund spricht, daß er ihm danken möchte
für das «erste geistige Frucht-Schneeglöckchen aus dem dunkeln Erdboden der Kindheit», für dieses «Morgensternchen frühester Erinnerung».
Das ferne Bild des lieben Schülers verklärt noch die Stunden des Erwachsenen.
Gerhart Hauptmann hingegen äußert sich gar nicht über seine spätere
Beziehung zur Kinderfrau von damals; nüchtern, fern jeder Plauderei
(s. S. 172) teilt er mit, was vergangen ist.
Die Vorstellung vom barock drauflos fabulierenden, sich in seiner Form-
losigkeit gefallenden und verlierenden Jean Paul wird in der Sekundärliteratur gern wiederholt und übernommen. Auch in unserem Zitat erscheint diese Eigenart in Ansätzen: Die erinnerungsselige Schilderung
enthält innerhalb von wenigen Zeilen gleich mehrere phantasievolle Me-

taphern und Zusammensetzungen («Wellendasein», «Schwungzeiten», «das erste geistige Frucht-Schneeglöckchen», «Morgensternchen frühester Erinnerung», «Taglicht des Lebens» usw.), dies wohl nicht zuletzt deshalb, weil Jean Paul hier eines seiner Grundanliegen aus eigenem Erleben heraus zur Sprache bringt: daß nämlich die Liebe ein Hauptpunkt der Erziehung sei. In «Levana, ein Erziehungsbuch» (Pädagogik in zwei Bänden, für Eltern bestimmt) lehrt Jean Paul diese Theorie. Daß er selbst eine tief hinunterreichende Erinnerung nicht an elterliche sondern an die Liebe eines armen Schülers bewahrt hat, ist weniger bedeutungsvoll als die Tatsache selbst, daß Liebe, nicht Leiden in den «dunkeln Erdboden» seiner Kindheit gesät war.

TEXTERKLÄRUNG
Alumnen   Zöglinge, Schüler

Justinus Kerner

18. 9. 1786 in Ludwigsburg – 21. 2.
1862 in Weinsberg. Tuchmacher-
lehrling. Dr. med. Praktischer Arzt.
Oberamtsarzt. Forschungen über
Spiritismus, Okkultismus und
Somnambulismus.

Zitat aus «Die Jugend großer
Deutscher» (o. J.), S. 149–150.

Justinus Kerner – Vertreter des romantischen Okkultismus, Freund des Todes, oft mit Uhland in einem Atemzug genannt und auf Mörike seinen Einfluß ausübend – tritt uns in diesem Zitat offensichtlich als ein Mensch mit phantastischen Erinnerungen entgegen: Die Wiedergabe des farbenfrohen und formenreichen Getümmels während einer venezianischen Messe kann nicht anders als bunt ausfallen; bei einem Liebhaber des Abseitigen ganz besonders! Er, der die Theorie vom Doppeldasein des Menschen vertritt und seit Knabenjahren von Schattenspielen und dergleichen fasziniert ist, er muß ja dem Maskentreiben, den Aufzügen und Spielen, etwas abgewinnen können.

Sehr scharf konturiert, lebendig, bewegen sie sich vor uns, der Herzog und die Herzogin in ihren Kostümen; unterbrochen wird die Folge dieser frühesten Bilder aber erstaunlicherweise durch den Satz: «...sind meine ganz im Nebel schwimmenden, traumhaftesten Erinnerungen.» – Sie muten doch nicht verschwommen an, nicht undeutlich, im Gegenteil! Das Paradox fällt auf: Kerner beschreibt klar und bestimmt, nennt aber diese seine Erinnerungen «traumhaft»; was verrät er damit?

Einer seiner Verehrer (und wohl auch einer der differenziertesten Deuter von Kerners Lyrik), H. Büttiker, gibt die unmißverständliche Antwort: «Stehen ihm die Dinge nahe, so sind ihre Farben matt und stumpf. Mit zunehmender Entfernung erst wächst der Glanz, und nur was unendlich weit abgerückt ist, erreicht jene durchscheinende, innere Helle des Traumes, der bei ihm die seltsame Folge von Worten, das Gedicht, aufklingen läßt. Kerner liebt es, einzelne Momente des Daseins so ihre ‹poetischen Schatten› werfen zu lassen! Aber all diese aufsteigenden Traumbilder sind unstet. Kaum haben sie ihre höchste Leuchtkraft erreicht, so verlöschen sie, und der Dichter erwacht» (H. Büttiker, S. 9).

Die «innere Helle» dieser Erinnerungen erklärt sich demnach leicht daher, daß der Dichter bereits Jahrzehnte von den Kinderzeiten entfernt ist; er läßt den damaligen Maskenpomp noch einmal «Schatten werfen» auf die Leinwand seines Lebens, fällt dann aber jäh aus der Stimmung; sie erinnert übrigens stark an das festliche Treiben in Mörikes «Lucie Gelmeroth», wo sich der Erzähler ebenfalls zurückdenkt in seine Kindheit, zurück zum Tag, da die Herzogin ihren Geburtstag feiern kam in den Mauern seiner Stadt.

Dem Dichter «verlöschen», wie Büttiker sagt, die Bilder; nüchtern geht er zum nächsten, von dem er sich vielleicht wiederum auf Traumeshöhen wird wegtragen lassen; eindrücklicher geschieht dies aber in der Lyrik.

TEXTERKLÄRUNGEN

venezianische Messen	vermutlich nach dem Vorbild des venezianischen Karnevals abgehaltener Jahrmarkt unter Beteiligung von Maskierten
Heiducken	(Haiduken) ursprünglich Bezeichnung eines ungarischen Volksstammes, dann leichter Reiter, schließlich für: Bedienter in der Tracht dieses Stammes
der Herzog	gemeint ist Karl Eugen v. Württemberg (1737–1793)
Pharaobank	Pharao = altes französisches Kartenglücksspiel
Schubart, C. F. D.	(1739–1791), süddeutscher Dichter und Publizist

Gertrud von Le Fort

11. 10. 1876 in Minden (West-falen) – 1. 11. 1971 in Oberstdorf (Allgäu). Studium der Theologie, Geschichte, Philosophie. 1926 Über-tritt zum Katholizismus. Lyrikerin, Erzählerin, Essayistin.

Zitat aus «Hälfte des Lebens» (1965), S. 7–11. Erwähnt: «Auf-zeichnungen und Erinnerungen», Einsiedeln 1951.

Vermutlich 1940/41 hat Gertrud von Le Fort einen, wie sie selbst sagt, «kleinen Aufsatz» geschrieben mit dem Titel «Mein Elternhaus». Er er-schien zunächst separat und zehn Jahre später in einem Sammelbändchen bei Benziger.

Das Kapitel «Minden» (dem unser Zitat entnommen ist) im Erinnerungs-buch «Hälfte des Lebens», das erst 1965 herauskam, verspricht in den ersten Zeilen identisch zu sein mit dem kleinen Aufsatz. Aber es bleibt bei den ersten Zeilen: «Minden» und «Koblenz», wie sie uns in der spä-teren Rückschau vorgestellt werden, könnten geradezu aus einer andern Feder stammen.

Was zur Zeit des Zweiten Weltkrieges gemäldeartig verfaßt, ohne Hetze und detailliert erzählt wurde, ist im späteren Buch in einfachen Sätzen nur knapp festgehalten. Die Dichterin sagt selbst auf den je vorange-henden Seiten, in welcher Absicht sie geschrieben habe:

Die ersten Blätter wollten ein Dank sein, «aber sie bilden sich nicht ein, es sein zu können. Sie wissen, daß sie nicht mehr bedeuten, als die schnell geschriebenen anspruchslosen Zeilen, die einer jeweils an mich gerich-teten Frage Antwort gaben. Mir selbst freilich werden sie immer die Er-innerung an ihre Entstehungszeit bleiben als ein unvergeßliches Stück meines Lebens» (G. von Le Fort, Aufzeichnungen und Erinnerungen, S. 9).

1965 heißt es: «Ich glaube, sie [die Erinnerungen] bedeuten eine stille Rechenschaft, die ich vor mir selbst ablege, den Anspruch, noch einmal gegen Ende des Lebens die lange Reihe des Gelebten – so wie es in Wirk-lichkeit war – vorübergleiten zu lassen» (G. von Le Fort, Hälfte des Le-bens, S. 6).

Der spätere Text, der uns gegenüber dem ersten lakonisch erscheint, ist reicher an klar aufgezeichneten Einzelerinnerungen – wenn sie auch nicht mit allen ihren Nuancen und Konsequenzen festgehalten sind (z.B. werden die Hintergründe der innigen Beziehung zwischen Tochter und Vater, nämlich das beiderseitige historische Interesse, nur 1941 angeführt; 1965 schreibt Gertrud von Le Fort einfach: «Zwischen meinem Vater und mir bestand von früh auf ein besonders inniges Verhältnis», und dann werden die kleinen alltäglichen Gemeinsamkeiten und Freuden aufgezählt).

So haben wir denn hier den späteren Text gewählt, weil die einzelnen Erinnerungen eindeutiger gegeneinander abgegrenzt sind und anscheinend von der Autorin viel bewußter als solche «enumeriert» werden.

Nicht nur die Gegenüberstellung von «Mein Elternhaus» und «Hälfte des Lebens» lohnt sich, sondern auch ein kurzer Vergleich zweier Kapitel innerhalb von «Hälfte des Lebens»: Das Kapitel «Koblenz» enthält nach Aussage der Autorin die «eigentlichen lebendigen Kindererinnerungen», und es ist die *leblose* Natur, die das Kind tief beeindruckt: der gewaltige Rhein, sein damals noch durchsichtig grünes, glasklares Wasser, «ein selbstherrliches königliches Element» (S. 19), und der stolze Fels des Ehrenbreitstein darüber, «wie er da so mächtig und selbstherrlich über der kleinen Stadt Ehrenbreitstein aufragte» (S. 20).

Im Kapitel «Minden» aber – wo es sich um noch früheres Erinnerungsgut handelt – gehört die kindliche Liebe dem Rotdorn, den Vögeln, dem blumengartenartigen Friedhof, der Puppe mit Menschenhaar, die aber – man beachte wohl! – dem Kinderherz «lange nicht so nah» steht «wie die Blumen und Vögelchen». Der *lebendigen* Natur gilt seine allererste Neigung.

Mechtilde Lichnowsky

*8. 3. 1879 auf Schloß Schönburg
(Niederbayern) – 4. 6. 1958 in London. Österreichische Klosterschule.
1904 Heirat mit Karl Max Fürst von
Lichnowsky. Reisen.*

*Zitat aus «Kindheit» (1934), S. 9,
11–12, 15. Erwähnt: «Heute und
Vorgestern», Wien 1958.*

Sie war eine Freundin und Verehrerin von Karl Kraus; er hat sie nicht
nur dem Ertrinkungstod in Moldaustrudeln entrissen, sondern vor allem
in ihr den Scharfsinn für wahres, exaktes Sprechen immer neu angeregt.
Mechtilde Lichnowsky wird als «gedankentief» bezeichnet, genauer: als
eine Essayistin mit kultivierter, witziger, scharfer Sprache. Von ihrer
Arbeit «Worte über Wörter» schreibt der Verlag: «Noch nie hat die geist-
volle Verfechterin eines echten, klaren und richtigen Gebrauchs unserer
Sprache so tief in das Gewirr der Irrtümer und konventionellen Dumm-
heiten hineingeleuchtet» (Bergland Verlag, in einer Anzeige in «Heute
und Vorgestern», 1958).
Tatsächlich lassen sich bereits in diesen äußerst kurzen Ausschnitten aus
«Kindheit» Beweise für den ausgeprägten Genauigkeitswillen in sprach-
licher Hinsicht erbringen, was, in Verbindung mit Mechtilde Lichnow-
skys Gabe der feinen Einfühlung in die Natur, in die menschliche, besonders die kindliche Seele und in soziologische Probleme, zu Stimmungs-
bildern führt, die ergreifend sind, psychologisch wahr, zart hingetupft
wie die Pastelltöne der Impressionisten. «Lichtblaue Brillen», ein «ver-
welktes Gesicht», zitternde «goldgelbe Suppenspiegel», das «rotsamtene
Gehirn des Vierjährigen» und darin die «lebendigen, schlaflosen, bunten
Denkkugeln», das kann man sich zwar nicht alles konkret vorstellen,
aber es paßt dahin, wo es steht; es ist «richtig» in einem Sinn, der sprach-
licher Meisterschaft vorbehalten ist; es bedarf nicht der Verdeutlichung,
ertrüge sie nicht, weil doch nur zer-redet würde, was als Erahnbares bereits seine Gültigkeit hat.
Wo die Uhr ihre Stunden *ruft*, wo Hundegekläff und Glockentöne *einge-
atmet* werden, wo eine Flasche *schreien* kann und die Zeit nicht mehr auf
die Sonne, sondern auf die *Tierwelt* abstellt («...nicht Nacht-, sondern
Grillen- und Schmetterlingszeit...»), da ist eben jene kindliche Verspon-
nenheit am Werk, die dieses ganze Bändchen so attraktiv macht. Gerade
die mehr gefühls- als verstandesmäßig erfaßbaren Kurzbeschreibungen
bzw. Attribute lassen die Skizze eines kleinen Geschöpfes erkennen, das
man mit aller verfügbaren Sorgfalt und Liebe umgeben, dem man fein-

fühlige Erzieher gönnen möchte, wie sie die Dichterin selbst an anderer Stelle beschreibt und als ideal hinstellt.

Diese Kindheitserinnerungen sind alles andere als «Zufallsfetzchen», wofür man sie beim ersten Lesen halten könnte: Sie passen in eine Ordnung, in die Ordnung dieser Persönlichkeit, der Dichterin wie der Fürstin Mechtilde Lichnowsky, geborenen Gräfin von und zu Arco-Zinneberg. Gerade eine grundsätzliche Aussage in «Heute und Vorgestern» unterstreicht dies und scheint zugeschnitten auf unser Zitat:

S. 63 schreibt Mechtilde Lichnowsky: «Meistens sind es die kleinen Sonderheiten eines Menschen, an welchen die Erinnerung haftenbleibt, mehr als das Format seines Charakters, seiner Begabung, seiner bürgerlichen Stellung; denn nichts bedingt sein Wesen so untrüglich und unverwechselbar wie der nur scheinbare Zufall seiner Art zu lachen, zu lächeln, zu sprechen, seine Handbewegungen, sein Gang.» (Vgl. die Erinnerung an die Kindsfrau Mali in unserem Zitat!)

TEXTERKLÄRUNG
Alkoven   Bettnische

Agnes Miegel

8. 3. 1879 in Königsberg – 27. 10.
1964 in Bad Nenndorf. Studienrei-
sen nach Frankreich und Italien.
Journalistin. Schriftleiterin der
«Ostpreußischen Zeitung».

Zitat aus «Kinderland» (o. J.),
S. 6–7, 18–20.

Eine amerikanische Dissertation aus den vierziger Jahren untersucht die
«key-words» in Agnes Miegels Werk, und diese – zunächst ganz unpoe-
tisch wirkenden – statistischen Erhebungen enden mit dem Fazit, daß
die Wörter «Mutter», «kindlich», «grün», «vertraut», «still» – im
Sinne von «friedlich» –, «feierlich», «hell» und «kühl» von der Dichterin bevorzugt werden.
Das Sympathische der Untersuchung ist, daß sie nicht – wie es eben auf
den ersten Blick scheinen mag – bei der rein quantitativen Erfassung
eines bestimmten Wortgutes steckenbleibt; es geht ihr wesentlich um
Inhalt und Umgebung der Wörter, um ihren Stellenwert innerhalb der
Atmosphäre, die durch sie überhaupt erst geschaffen wird.
Im weiteren muß man der Dissertation von M. Woodbridge zugute hal-
ten, daß sie dem interpretatorischen Problem mit Sorgfalt begegnet und
den vor allem vom eigenen Erlebnis her ansprechbaren Leser nicht über-
fordert.
Wir heben diese Leistung aus dem angelsächsischen Raum deshalb besonders hervor, weil im übrigen nur wenig Sekundärliteratur zu Agnes Miegel
und ihrem Werk vorhanden bzw. in der Schweiz zugänglich ist.
M. Woodbridgé's Beobachtungen betreffend den Wortschatz von Agnes
Miegel im allgemeinen seien nun auf unsere Zitate angewandt: Wenn die
Dichterin die Freuden und Entbehrungen jener Vorstadt beschreibt, in
der sie ihre Kindheit durchlebte, gewinnt man den Eindruck einer fern
vom Konkurrenzkampf liegenden, in sich friedlichen Welt. Die Wörter
«still» und «friedlich» fallen nicht, aber die Tatsache, daß man den Luxus
«nicht einmal dem Namen nach» kannte, spricht für sich! Man lebte zwar
«hablich» nach heutigen Begriffen, mit handgewobenem Tuch, mit Gänsebraten von Martini bis Weihnachten, mit Rotwein auch zu Marzipan.
Aber man war sich der Herrlichkeit – und andrerseits der weniger harmlosen Genüsse, die eine Großstadt zu bieten gehabt hätte – nicht bewußt.
«Dafür hatte man auch bei ihnen allen, verwandten und bekannten Menschen, die Rechte des Kindes, ging aus und ein, fand Liebe und Verständnis, Geduld und zärtliches Eingehen und überall die Gelegenheit zum

Festefeiern.» Da liegt bereits der Inbegriff von «Vertrautheit» (vgl. M. Woodbridge) vor dem Leser. Wird das Sich-Geborgen-Fühlen je wieder so deutlich – und doch nicht zu beschreiben – vorhanden sein wie während der Kindheit, als sich das Aufbegehren noch nicht lohnte, ja noch nicht einmal als Möglichkeit realisiert wurde? Als die Konflikte mit den Großen noch klein waren, weil sich das Kind nicht schwach fühlte ihnen gegenüber, sondern einfach von ihnen geliebt?

M. Woodbridge betont, daß sich Agnes Miegel ihr Leben lang in ihre Kindheit zurückgesehnt habe; ist es verwunderlich, nachdem sie in jenen frühen Jahren eine der wohltuendsten Erfahrungen machen durfte, die der Harmonie? (Ihr starker Wunsch nach einem eigenen Kind – vgl. M. Woodbridge – kann vielleicht auch von hier aus erklärt werden.)

Tieferen Einblick in das Leben des Kindes in «stiller», «friedlicher» Umgebung gibt die Erinnerung «Seifenblasen». Hier wird vor allem gezeigt, daß auch die «glückliche Kindheit» mit trübseligen Stunden befrachtet ist, daß sich aber das in Harmonie aufwachsende Kind zurückzuziehen und sich eine eigene Welt zu schaffen weiß, in der das Gleichgewicht zwischen wohlmeinenden und störenden Mächten wiederhergestellt ist.

Im Verlauf dieses kurzen Stücks «Seifenblasen» könnte übrigens auch Agnes Miegels Vorliebe für die Farbe Grün belegt werden. Nicht nur das Wort selbst kommt mehrmals vor: es ist auch in den Bezeichnungen «Petersilientopf» und «Schnittlauchscherben» indirekt erkennbar.

TEXTERKLÄRUNGEN

Kummchen	Schüsselchen
Pregel	Hauptfluß Ostpreußens

Karl Philipp Moritz

15.9.1756 in Hameln (Hannover)
–26.6.1793 in Berlin. Schauspieler.
Studium der Theologie. Lehrer.
Schriftleiter der «Voßischen Zei-
tung». Professor für Altertumskunde
in Berlin.

Zitat aus «Anton Reiser» (1961),
S. 9–10.

«Diese Lebensbeschreibung in der Form eines Romans gehört zu den bedeutendsten Zeugnissen der autobiographischen Literatur deutscher
Sprache und steht ebenbürtig neben Goethes ‹Dichtung und Wahrheit›
und den Selbstdarstellungen von Jung-Stilling, Kügelgen und Schleich.»
Wie in diesem Nachwort zur zitierten Ausgabe des «Anton Reiser» (1961)
wird auch in der übrigen Sekundärliteratur verglichen: Der «psychologische Roman» (vgl. Th. Klaiber, S. 102; W. Mahrholz, S. 224) des Karl
Philipp Moritz, geschrieben im letzten Fünftel des 18. Jahrhunderts,
wurde von den Zeitgenossen im gleichen Atemzug wie Werke von Goethe
gelesen und rezensiert; das ist nicht anders zu erwarten, da ja die innige
Freundschaft zwischen dem begüterten Genius in Weimar und dem vom
Schicksal vernachlässigten Professor und Schriftsteller in Berlin zumindest
in literarischen Kreisen bekannt sein mußte. Man zog auch Parallelen
zwischen Anton Reiser und Wilhelm Meister und wies da und dort darauf
hin, daß der «Werther» eines der bestimmenden literarischen Ereignisse
gewesen sei für Karl Philipp Moritz.
In den herausgegriffenen Zeilen erfahren wir zu wenig, um derartige
Vergleiche nachzuvollziehen, aber eine für die Lektüre des ganzen Romans wesentliche Aussage wird doch gemacht: Wir erfahren, daß Anton
Reisers Beziehung zu allem Lebendigen, vor allem zu den Menschen, die
früher oder später in sein Leben traten, auf der Erfahrung des Hasses ba-
sierte, der völligen Entfremdung zwischen seinen Eltern. Und die Konsequenzen dieser ersten Eindrücke werden dem Leser denn auch in gefühl-
voll bildhafter Sprache verabreicht, wie man sie einem psychologischen
Roman zwischen Sturm und Drang und Klassik verzeiht: Die Seele des
Anton Reiser wurde «oft zu einem Sammelplatz schwarzer Gedanken»;
sein Herz «zerfloß in Wehmut»...
Die quälende Selbstentblößung und Wiedergabe psychologischer Details
im ganzen Werk geschah vor allem besonders schonungslos, weil das Ich
von Karl Philipp Moritz im Erlebnis des Reiser «getarnt» auftrat; Ähnliches ist von den Erinnerungen Curt Goetz' zu bemerken (S. 165).

Siebenjähriger Krieg

1756–1763 zwischen Österreich und
Preußen um den Besitz Schlesiens

Franz Nabl

16.7.1883 in Lautschin (Böhmen)
– 19.1.1974 in Graz. Studium
der Jurisprudenz, Philosophie,
Germanistik. Freier Schriftsteller.
Redaktor.

Zitat aus «Der erloschene Stern»
(1962), S. 53–55.

Einsamkeit ist das Zentralthema in Franz Nabls Kindheitserinnerungen, von denen eine ganze Anzahl im hier zitierten Band vereinigt sind. Die Erzählung «Das einsame Kind» beginnt mit den Sätzen: «Nicht die sind mit den Einsamen gemeint, denen ein unerbittliches Schicksal die Eltern genommen und sie nun allein gelassen hat. Ihr Los kann gemildert werden und wird auch oft gemildert, so daß ihre Verlassenheit ihnen am Ende kaum mehr zum Bewußtsein kommt. Gemeint sind die anderen, die scheinbar wohlumhegt im Kreise ihrer Familie Lebenden, die mit allen Hilfen für leibliches und seelisches Gedeihen Betreuten. Von ihnen sind manche zu der entsetzlichsten aller Einsamkeiten verdammt, zu einem bis zur stummen Qual gesteigerten Alleinsein» (Der erloschene Stern, S. 14). Und es folgt die psychologisch auffallend differenzierte Schilderung der wohlbegründeten, sich durch die Kinder-, Knaben- und Erwachsenenjahre hindurch auswirkenden Einsamkeit eines «Freundes seit frühester Jugend», wie ihn der Erzähler nennt. Mit Leichtigkeit erkennt man in dieser Gestalt den Autor selbst. Die Zerrissenheit im Elternhaus, die Flucht des Knaben in die Natur, seine Entdeckung der roten, weiß umränderten Bartnelke und sein tägliches, beharrliches Warten auf die Postkutsche – all das sind Details aus Franz Nabls eigener Kinder- und Jugendheimat im niederösterreichischen Voralpenland, wo sein Vater 1889 ein herrschaftliches Gut gekauft hatte (vgl. A. Holzinger, in: Franz Nabl, Ausgewählte Werke, Bd. 1, S. 6).
Die Einsamkeit des Kindes, das Nestwärme entbehrt, kommt auch in der zitierten Episode aus der Erzählung «Die Fische» deutlich zur Sprache; die «äußeren Komponenten» für kindliches Glück – Eltern, Geschwister, ein Zuhause, das naturverbundene Entfaltung ermöglichen würde – sind zwar vorhanden, aber es fehlt die Liebe: Die von den Eltern geschenkte Fischereikassette enthält eine Menge Gerätschaften, nur diejenigen nicht, die der Kleine brauchen könnte; was hilft ihm die Ausrüstung für Fluß- und Seefischerei, wenn in der Nähe ein Bergbach mit Forellen vorbeifließt? Was hilft ihm ferner ein Wirtschafter, der das Angelzeug nicht fachmännisch «zusammenrichtet», weil er sich wohl auf die Jagd, nicht

aber aufs Fischen versteht? Und die Begleiterin zum ersten Beutezug! Wie wenig beglückend muß es gewesen sein, mit einem völlig unbeteiligten Kinderfräulein die ersten «Angelfreuden» zu teilen! Eine Hilfe hat er erst recht nicht an ihr, denn die Ahnungslose schreit einfach mit, als der erste Fisch anbeißt und den Knaben das Entsetzen packt. Und doch – oder gerade deshalb? – hält die Leidenschaft des Forellenfanges bis ins hohe Alter an, ja wie diese Erzählung weiter ausführt, entwickelt der Knabe das Hobby zum oft grausamen, listenreichen Handwerk.

TEXTERKLÄRUNGEN

Reisjäger	Jäger, der niedere Jagd (auf Füchse, Hasen und Vögel) betreibt
Fluder	hölzerne Wasserrinne
Dumpf	Strudel

Hans Erich Nossack

31. 1. 1901 in Hamburg. Studium　　*Zitat aus «Spirale» (1956),*
der Philologie, Jurisprudenz.　　　*S. 30–33.*
Fabrikarbeiter. Reisender. Kauf-
männischer Angestellter. Journalist.
Ab 1956 freier Schriftsteller.

Seinen Nihilismus erwähnt die Sekundärliteratur nicht selten, manchmal mit Bestimmtheit, manchmal zweifelnd. Nossack wird als der deutsche Bruder von Albert Camus bezeichnet; sein «betroffenes Beobachten» auch surrealer Begebenheiten könnte auf Kafka verweisen, doch Nossacks Wirklichkeitssinn erfreut sich – trotz des unablässigen Infragestellens und der vielfältigen Ausbruchversuche des Erzählers aus seiner jeweiligen, selbstgeschaffenen Realität – einer Gesundheit, die Kafka nicht kannte.
Ein bei Nossack stets wiederkehrendes Motiv ist die Suche nach der Mutter. Ein Faktum, das er sich immer wieder vornimmt und variationenreich zum besten gibt, ist der Tod.
Diese knapp markierten Besonderheiten mögen dem besseren Verständnis der Kindheitserinnerungen dienen, deren Erzähler wohl Nossack heißt, deren Ich aber nur bedingt identisch ist (s. Vorwort, S. 11) mit dem Hans Erich Nossack, der 1901 in Hamburg geboren wurde und erst nach dem Zweiten Weltkrieg das ernsthaft lesende Publikum aufhorchen ließ.
Die «Spirale», Nossacks zweiter Roman nach «Spätestens im November» (1955), setzt sich zusammen aus fünf Wachträumen eines Mannes, der in der Rebellion gegen seine Herkunft und sein Schicksal über sein Leben Gericht hält, indem er es zurück- und zu Ende denkt. Ein Vergleich mit August Strindberg liegt nahe; Nossack bekennt sich ausdrücklich zu Strindberg, Büchner, Dostojewskij (H. Geulen, in: D. Weber, S. 199).
Der Untertitel des Buches weist auf seinen besonderen Stellenwert hin: «Roman einer schlaflosen Nacht», und wie die vier weiteren ist auch der erste Wachtraum, die Kindheitserinnerung «Am Ufer» – der unser Zitat entnommen ist –, ein «von der Angst und der Vereinzelung des verzweifelnden Gegenwartsmenschen» diktiertes Stück (F. Lennartz, S. 520). Welchen Bezug soll und darf man zur Thematik der übrigen Werke Nossacks herstellen?
Angesichts der platzmäßigen Beschränkung ist hier nur eine frappierende Einzelbeobachtung gestattet: Der unvoreingenommene Leser ist sicher erschüttert ob der Drastik des in unserem Zitat geschilderten Vorfalls,

ob der Wucht, mit der sich hier übermächtige Schuldgefühle auf ein Kind werfen und es wohl ein Leben lang quälen werden: Das Bewußtsein, an der Invalidität des eigenen Vaters mit-, vielleicht hauptschuldig zu sein, plagt den Kleinen, vor allem, weil es ihm die Mutter einmal als Tatsache ins Gesicht schleuderte und es nun stets unverändert repetiert: «Es sieht auch so aus, als wenn wir schuld wären. Wenn sie es erzählt, muß man es glauben; es läßt sich nichts dagegen sagen. Darum ist es schwer für uns, sehr schwer.» Ein derart schockiertes, bestraftes Kind, das seine Mutter geradezu als boshafte Lügnerin erfahren hat, die mit Worten Schuld abwälzt und leider einfach so stark ist, daß man sie nicht überführen kann, ein solches Kind hat wohl die Mutter für immer verloren. Vielleicht wird es sie, bewußt oder unbewußt, suchen, auf diese oder jene Art, in dieser oder jener Begegnung. Der Dichter Hans Erich Nossack befindet sich in verschiedenen Werken auf der Suche nach einer Mutter; in verschiedenen Werken möchte er einer ehelichen Bindung entrinnen, was wohl nicht zuletzt auch auf seine schlimme Muttererfahrung zurückzuführen ist.

Edzard Schaper

30. 9. 1908 in Ostrowo (Posen).
Studium der Musik. Regieassistent
und Schauspieler. Freier Schrift-
steller und Korrespondent in Estland.
Aufenthalte in Finnland, Schwe-
den. Lebt heute im Wallis.

Zitat aus «Bürger in Zeit und
Ewigkeit» (1956), S. 23–25.
Erwähnt: «Am Abend der Zeit».
Ein Roman, Köln 1970. «Untergang
und Verwandlung», Betrachtungen
und Reden, Zürich 1952.

Ein Leben, das in einer Grenzstadt anfängt, braucht nicht von dieser un-
mittelbaren Nähe zur Grenze geprägt zu werden, braucht nicht zu einem
«Dasein von der Grenze, von jenseits der Grenze her im inneren und
äußeren Sinn» (M. Wehrli, in: E. Schaper, Untergang und Verwandlung,
S. 136) zu werden, wie dies bei Edzard Schaper eindeutig der Fall ist.
«An der Grenze spielen manche seiner Erzählungen, in der Grenzzone
des Niemandslandes liebt er seine Gestalten anzusiedeln» (M. Wehrli,
S. 137).
Die *Grenze* zieht sich als Phänomen wie ein roter Faden durch sein Leben und sein Werk (vgl. M. Wehrli, S. 136), und verlockend wäre es,
dieser Erscheinung sorgfältig nachzugehen, z. B. anhand von Schapers
großen Romanen («Die sterbende Kirche», «Der letzte Advent», «Der
Henker», «Die Freiheit des Gefangenen» und andere).
Wer Edzard Schapers Prosa, ihrer disziplinierten Sprache, ihrer unauf-
dringlichen, aus der Tiefe wirksamen Überzeugungskraft Zeit widmet,
wird die Grenze erfahren; stellenweise wird er sie spüren und doch nicht
bewältigen können, er wird ihr nicht gewachsen sein, wie dem sechsjährigen Bub die Kriegsbilder, die er verschlingt, als unverdauliche Brocken
zu schaffen machen.
M. Wehrli hat die Grenze bei Schaper sehr eindrücklich – offensichtlich aus
eigenem Kunsterlebnis heraus – charakterisiert in seinem Geleitwort zu
«Untergang und Verwandlung»; kurz und prägnant ist Charlotte von
Dach darauf eingegangen in ihrer Rezension des 1970 erschienenen Romans von Schaper «Am Abend der Zeit» (in: Der Bund, 28. 11. 1971).
Dieses Buch ist übrigens gerade in unserem Zusammenhang eine will-
kommene Ergänzung: Schaper beschreibt da die Zeit zwischen Frühjahr
1913 und 1. August 1914, Monate also, die dem in unserem Zitat geschilderten Tag der allgemeinen Mobilmachung – Kriegserklärung des
Deutschen Reiches an Rußland – vorangehen, die den jähen Unterbruch
eines sommerlichen Jahrmarktes vorbereiten. («Am Abend der Zeit» beschäftigt sich allerdings mit fremdem Schicksal, währenddem Schaper in

«Bürger in Zeit und Ewigkeit» auf seine eigenen Kinderjahre zurück-
greift.)
Schaudern erweckt unser Zitat, diese Exposition zum ersten Weltkriegs-
drama, welches von Kinderaugen – die sich eben noch vom farbigen
Marktgetümmel bannen ließen – registriert wird: der Herold auf dem
Fahrrad, das Verstummen der Massen, der Tiere und Musikinstrumente,
das Zurückweichen der Menschen zu beiden Seiten der Grenze... und
dann die Kanonaden, die Züge der Evakuierten, der Sträflinge...
Vom Erinnerungsmaterial her wäre Schaper mit Andersch zu vergleichen
(s. S. 13), doch sind die beiden im Ausdruck grundverschieden.
Zum Zeitpunkt des Geschehens waren sie auch nicht gleich alt: Andersch
– fünfjährig – kommt «erst später» hinter die Bedeutung der einzelnen
Ereignisse, «vielleicht so mit vierzehn oder fünfzehn Jahren»; Schaper
hingegen erlebt als Sechsjähriger bereits wissend mit; dies dürfte seine
sprachlich anders gelagerte Verarbeitung mitbeeinflußt haben.

TEXTERKLÄRUNG
Ulanen   Lanzenreiter

Reinhold Schneider

13. 5. 1903 in Baden-Baden – 6. 4.
1958 in Freiburg i. Br. Kaufmänni-
sche Ausbildung und autodidaktische
Weiterbildung. Reisen. Freier
Schriftsteller.

Zitat aus «Ringe des Lebens», in:
Welt und Wort (1954), S. 157.
Erwähnt: «Der Balkon», Aufzeich-
nungen eines Müßiggängers in
Baden-Baden, Wiesbaden 1957.

Reinhold Schneiders Dichtung bewegt sich nie in Räumen, die von der gesellschaftlichen Realität abgeschlossen, vom Schritt der Geschichte entfernt sind. Es gibt bei ihm nicht rein ätherische Gebilde, in sich selbst wahr und beständig, ruhend außerhalb der zeitlichen Dimension.
Schon die Kinder- und Jugendjahre waren so angelegt, daß der Knabe die Verbindung mit Welt und Gesellschaft nicht suchen mußte: Sein Vater war Besitzer des großen Hotels Messmer in Baden-Baden; im Sommer wohnte die Familie «in dem von unzähligen Freunden durcheilten Haus, im unaufhörlichen Wechsel des Kommens und Gehens; im Winter, wenn das Hotel geschlossen war und der Kurort zur kleinen, zwischen Bergen versunkenen Heimatstadt wurde, in einer der stillen Villen im Park» (F. A. Schmitt, S. 31). Hier tat der Knabe den letzten Blick auf monarchistisches Gepränge und erlitt im Jahre 1914 den ersten unverheilbaren Bruch in seinem Leben, als das Gold den Waffen weichen mußte. Nicht daß das Kind sich wohlgefühlt hätte in der Unruhe des elterlichen Hauses, in der Vielfalt der Sprachen und in der Buntheit vornehmer Roben! Es sehnte sich jeden Sommer nach der winterlichen Stille und litt immer unter der Vorläufigkeit, die ein Hotel seinen Bewohnern bietet: «Ich empfand es nie als Besitz, sondern als Gasthaus, als Ausgangspunkt und als Einkehr, niemals als das letzte Ziel. Die Wehmut des Verlassenmüssens lag mir im Blut, weil ich immer die Koffer rollen und die Wagen eilen sah...» (zit. aus F. A. Schmitt, S. 40). Und dennoch: Reinhold Schneider, dem dieser stetige Kontakt mit dem Lebensrhythmus der Großen, der Geschichtemacher und Weltzerstörer, von den ersten Tagen an aufgetragen war, blieb sein Leben lang der Geschichte verpflichtet, ebenso denen, die den Fortgang der Geschichte beeinflußten; er blieb ein treuer Zeuge seiner frühen Teilhabe am Weltgeschick.
Dementsprechend liest sich auch Reinhold Schneiders Rückgriff auf seine ersten Lebensjahre: Das Erinnern an die «sonderbare, abgesunkene Welt» der Kindheit ist gleichzusetzen mit einem äußerst kurzen Streifzug durch das letzte Vorkriegsjahrzehnt: Fürsten, Lakaien und die Großherzogin... Abdankung der Mandschudynastie (1911)... Verderbnis für

Tausende in Messina (1908) und im Nordatlantik (1912)... kriegerische
Aufregung in Marokko (1906)...

Ganz persönlich getroffen fühlt sich das Kind nur beim Anblick einer
schwer verwundeten Frau, die auf einer Eck-Causeuse, einem der «höchst
unbequemen, steifen, hart gepolsterten Ecksofas» (R. Schneider, Der
Balkon, S. 13) stirbt. Gerade darin liegt das Wertvolle der wenigen Zeilen:
Man gewahrt die Verflechtung zwischen persönlichem und öffentlichem
Geschick; die beiden Welten treten hier bereits in der für Reinhold
Schneider typischen Gewichtsverteilung auf: Das Geschichtliche ist das
Wesentliche – aber nur auf Grund der persönlichen «Betroffenheit» des
Aufzeichnenden nimmt es Gestalt an.

TEXTERKLÄRUNGEN

Sturz der uralten chinesischen Monarchie	Abdankung der Mandschudynastie 1911
Erdbeben von Messina	am 28. 12. 1908
Marokko-Krise	1906 (erste Marokko-Krise)
Untergang der Titanic	englisches Luxusschiff, sank am 14. 4. 1912 auf seiner Jungfernfahrt im Nordatlantik
Großherzogin Luise	Tochter Kaiser Wilhelms I., lebte von 1838 bis 1923

Arthur Schnitzler

15. 5. 1862 in Wien – 21. 10. 1931   *Zitat aus «Jugend in Wien» (1971),*
in Wien. Praktischer Arzt. Mittel-   *S. 12, 16–19.*
punkt des Jung-Wiener Dichterkrei-
ses. Freier Schriftsteller.

In seinem Nachwort zur Taschenbuchausgabe von Schnitzlers «Jugend
in Wien» sagt F. Torberg präzis und elegant zugleich, was man als Leser
der Autobiographie vielleicht bereits selbst festgestellt hat, aber nicht
treffsicher formulieren kann mangels umfassender Kenntnisse: Schnitzler
sei einer der bedeutendsten Untertreiber der Weltliteratur gewesen, bescheiden also bis zum Exzeß, und dabei ehrlich, ohne Koketterie, ja ohne
die Fähigkeit, sich und den andern etwas vorzumachen.
Wie Schnitzler seine beiden grundverschiedenen Großmütter schildert –
in unseren Zitaten – und die Atmosphäre, die sie umgab, wie Schnitzler
seinen ersten «handfesten» Kontakt mit dem Theater und gleich darauf
sein erstes ganz persönliches «Bild» – halb Traum, halb Realität – eines
in Altwiener Tracht dahinwandelnden Schauspielers zu Papier bringt...
es geschieht wirklich ohne Manier. Der Wille zu möglichst genauer In-
formation ist nachweisbar vorhanden, wobei das Adjektiv eine nicht ge-
ringe Funktion erfüllt, wie es ja «als sprachliches Mittel atmosphärischer
Differenzierung für die Eindruckskunst im allgemeinen und Schnitzler
im besonderen wichtig gewesen ist» (G. Just, S. 87).
Ein weiteres Charakteristikum Schnitzlers und seiner Kunst – ebenfalls
von F. Torberg hervorgehoben – ist in unseren Zitaten zu finden; Schnitzler war «ein Diagnostiker der Seele und ein Therapeutiker des Lebens»
(F. Torberg, in: «Jugend in Wien», S. 298), der so oft mit einem Namen,
einer Apposition oder einem Einschub mehr aussagte als manche im Verlauf ganzer Romane. Er beweist dies z. B. an der Stelle, da die Frage
«Freund oder Feind?» im kindlichen Spiel auftaucht. Nach der eindeu-
tigen Antwort der Kalmanschen Bonne entschließt sich der Kleine beruhigt, den Kampf aufzunehmen, «...ob als Freund oder Feind weiß ich
nicht mehr...»; wie wäre kindliche Sorglosigkeit liebenswürdiger fest-
zuhalten?
Obwohl in unseren Zitaten Grundzüge von Arthur Schnitzlers Schaffen
nachgewiesen werden können, ist der Dichter des «Anatol» und des
«Leutnants Gustl», des «Reigens» und des «Grünen Kakadus» hier – und
im ganzen autobiographischen Band überhaupt – nicht erahnbar; die Aufzeichnungen «Jugend in Wien» zeigen eigentlich nur, *wie* und *warum*

Schnitzler zu einem der bedeutendsten Untertreiber der Weltliteratur geworden ist.

TEXTERKLÄRUNGEN

Lüster	glänzendes Wollgewebe
Hazard	Glücksspiel
Versöhnungstag oder	
Jom Kippur	hoher jüdischer Festtag
«Boles»	rundliches, gezuckertes Brot
Scholz	Wenzel Scholz (1787–1857), Wiener Komiker

Wolfdietrich Schnurre

22.8.1920 in Frankfurt am Main.
Film- und Theaterkritiker. Mitbe-
gründer der «Gruppe 47». Ab 1950
freier Schriftsteller.

Zitat aus «Schreibtisch unter freiem
Himmel» (1964), S. 260–261.

Die einzelnen Sätze sind prägnant, die Bilder eindeutig; Wolfdietrich
Schnurre registriert, ganz seinem Grundsatz getreu: «Schreiben heißt registrieren; selbst dann noch, wenn es sich um nichts anderes als um den
unfreiwilligen Beleg für die eigene Flucht aus der Zeitlichkeit handelt.
Und Registrieren setzt... Sensibilität voraus, Empfänglichkeit für Schwin-
gungen, Aufnahmebereitschaft für Atmosphärisches, ein Organ für Strömungen, kurz: eine intakte Antenne» (Schreibtisch unter freiem Himmel, S. 228). Er registriert: seine eigentliche Geburt in Frankfurt am
Main, d. h. die Geburt des Kindes in eine natur- und traumverbundene
Welt hinein; die zweite Geburt in Berlin, die Grundlegung der schöpfe-
rischen Eigenart («Berlin hat mich geformt und mein Wesen und meine
Art zu schreiben und zu denken bestimmt», a. a. O., S. 253), und schließ-
lich die dritte Geburt, die Befreiung – schmerz- und qualvoll – aus den
Klauen des Krieges und seiner Verwüstung von Seele, Körper und Geist.
Was registriert der Dichter in bezug auf seine früheste Kindheit? Dinge,
Wesen, die er als Erwachsener noch genauso liebevoll umklammert wie
einst: den Teich z. B., auf dem gelbe Trauerweidenblätter schwammen.
Er registriert mit allen Sinnen, sensibel für den Geruch rostigen Eisens
und öligen Wergs, für das regelmäßig wiederkehrende Gluckern der
Kaffeeflasche in Vaters Aktentasche. Bei aller Sachlichkeit und Distanz
des Aufzeichnenden, des Erwachsenen, gewahrt man deutlich das Kind-
liche, das der Dichter neu aufleben läßt und wohl zielbewußt in seinen
Stil integriert: Wie ein Kleines seine Händchen nach einem Gesicht aus-
streckt und scheinbar orientierungslos darüberstreicht, so verfährt
Schnurre in einzelnen Punkten seiner Beschreibung, wenn er z. B. eine
Wanderfreundin seines Vaters vorstellt: Sie trug einen Metallreifen über
dem Scheitel und konnte einen hervorragenden Apfelbrei kochen.
Voll von Paradoxen sind diese Abschnitte; sie könnten aus einem Schüler-
aufsatz stammen: Einerseits war es schöner im Allgäu – andrerseits lebte
in jenem Heim auch ein Fallsüchtiger; dieser Geistesschwache spielte
einerseits wunderbar Ziehharmonika, andrerseits mußte man weinen,
wenn er seine Krämpfe bekam usw. Das Auf und Ab von Stimmungen,
das Hin- und Hergerissensein ist Schnurres Sensibilität zuzuschreiben,

seiner Empfänglichkeit, kurz: seiner intakten «Antenne». Er ist betroffen von allem, was gegen die Menschenwürde verstößt.

TEXTERKLÄRUNGEN

Werg	Abfall von Flachs, Hanf usw.
Klampfe	volkstümlich für Gitarre
Hermann Löns	(1866–1914), norddeutscher Dichter

Rudolf Alexander Schröder

26. 1. 1878 in Bremen – 22. 8. 1962 in
Bad Wiessee (Oberbayern). Innen-
architekt, Landschaftsmaler und
Graphiker, seit 1935 Aktivität im
Rahmen der Bekennenden Kirche.

Zitat aus «Aus meiner Kindheit»
(1953), S. 14–19.

Gedulde dich, bis ich mich wiederfinde,
Bis mir gereift der innerliche Trieb,
Daß ich in ein Gebild zusammenbinde,
Was mir erwuchs, was mir verblieb.

– – –

Verzicht und Ahnung und Gestalt.
(Zit. aus K. Berger, S. 32)

Von diesen Zeilen führt ein Weg unmittelbar zu Schröders Kindheitserinnerungen; ihre wohltuende Offenheit, ihr köstlicher Humor – der nur
aus einem Herzen ohne Bitternis kommen kann –, das portionenweise
Vermitteln von Erwachsenenweisheit, alles ist offensichtlich einer geduldig erwarteten Stunde zu verdanken. Der Dichter hat sich gefunden, und
dies im wörtlichen Sinn, holt er doch erstes Erleben aus der Vergangenheit
ans Licht, typische Kindheitsvorgänge, von denen Schröder selbst fol-
gendes vermutet: «In ihnen sich spiegelnd und mit ihnen sich vergleichend wird unter Umständen unser eigenstes Wesen seiner selbst mit
deutlicherer und rührenderer Ergriffenheit gewahr als in andern Geschichten und Gedichten.»
Von genüßlicher Selbstbespiegelung ist nicht die Rede: Nur zögernd
weist der Er-innernde auf den Symbolgehalt einzelner Vorgänge hin,
auf den ersten kindlichen Versuch, «Dichtung als Wahrheit zu behandeln», auf die Ehrfurcht des Kleinen vor allem Lebendigen – und sei es
auch nur ein Tier ohne unsterbliche Seele. Die oben erwähnte Offenheit
des Erzählers schließt somit eine gewisse Zurückhaltung in der Darstellung nicht aus, die sich in Wendungen wie «vielleicht» und «unter Umständen» verrät.
Abgesehen von dieser eher formal faßbaren Schüchternheit offenbart sich
in unserem Zitat eine Art menschlicher Zartheit, die C.J. Burckhardt
rückblickend als Charakteristikum Rudolf Alexander Schröders bezeichnet: «Er besaß neben vitalen, *robusten* Eigenschaften eine für ihn selbst
gefährliche *Zartheit* [meine Hervorhebungen]» (C.J. Burckhardt, S. 15/

16). Der kleine Sioux benimmt sich einerseits brutal gegenüber seinem weißen Feind, andrerseits bringt er dem seelenlosen Schnauzer Zärtlichkeit entgegen, ihm, den die grausamen Erwachsenen bloß zur nützlichen bzw. schädlichen Kreatur zählen, nicht aber zu den liebens-würdigen Wesen.

Bei R. Noltenius kann man nachlesen, wie Schröder den Humor definiert, und von daher kommen wir den Kindheitserinnerungen wieder etwas näher: «Nun gibt es aber eine Einstellung des Blickes – die eigentlich humoristische –, vor der nichts Festes fest und nichts Ehrwürdiges aller Ehren wert erscheinen will. Sie ist durchaus dämonischer Art; ihre nüchterne Schwester ist Skepsis, ihr gewalttätiger Bruder der Nihilismus» (zit. aus R. Noltenius, S. 71). Wenn es auch scheint, als wäre das Reden von Dämonie in unserem Fall fehl am Platze, so darf doch festgehalten werden, daß das «teuflische» Element vorhanden ist, z. B. wenn der weiße Mann am Marterpfahl beschnüffelt und dem Hohngelächter preisgegeben wird, wenn in der Waschküche eine Opferung stattfindet und der Bruder den zum Verderben vorbestimmten Hals der Taube drückt, wenn von der gesunden Mordlust der meisten Knaben geschrieben steht und der Feind allen Blutvergießens sich als Nichtvegetarier bekennt... An allen diesen Punkten ist ein bißchen satanische Ehrfurchtslosigkeit als Würze beigemischt und damit echter Humor gelungen.

TEXTERKLÄRUNG
Kaprifolium   Geißblatt

Ina Seidel

15.9.1885 in Halle (Saale). Nichte des Schriftstellers Heinrich Seidel. Aufgewachsen in Braunschweig. Seit 1934 in Starnberg am See.

Zitat aus «Meine Kindheit und Jugend» (1935), S. 23–26. Erwähnt: «Lebensbericht» 1885 bis 1923, Stuttgart 1970.

Bei Ina Seidel nimmt die Darstellung der Kindheit breiten Raum ein; auch die vor-bewußte Phase kommt zur Sprache. Etwas weiter ausgeholt als in «Meine Kindheit und Jugend» hat Ina Seidel in der späteren, 1970 erschienenen Fassung «Lebensbericht 1885–1923». Da das frühere Bändchen aus dem Jahre 1935 sehr gefragt und längere Zeit vergriffen war, entschloß sich die Autorin, seinen Inhalt im Rahmen eines größeren Werkes wiederum zugänglich zu machen. Doch es entstand eine veränderte Ausgabe: Als Fünfzigjährige hatte Ina Seidel weniger präzis formuliert und verschiedene Beschreibungen knapper gehalten, was nicht nur wortschatzmäßig, sondern auch syntaktisch zum Ausdruck kommt. Ein sorgfältiger Vergleich der beiden Fassungen zeigt aber, daß die Anschaulichkeit der früheren Ausführungen – die in unserem Fall herangezogen wurden – nicht geringer war, obwohl sie etwas trocken wirken. Vielleicht fügte die Dichterin später aus rein «kosmetischen» Gründen da und dort ein Wort ein, vielleicht tat sie es auch, weil sie sich genauer zu erinnern glaubte als fünfunddreißig Jahre früher. Auf jeden Fall ist die wesentliche Mitteilung der wenigen Zeilen in beiden Fassungen dieselbe: Das Kind wird am stärksten erschüttert und verwirrt durch diese oder jene Berührung mit der «Lebensquelle», die normalerweise im Verborgenen wirkt, sich aber bei gewissen Gelegenheiten offenbart – furchterregend oder beglückend –, wenn Blut aus einer Wunde tritt, wenn ein Kind an der Mutterbrust trinkt... Im Raum der frühesten Kindheit ist, wie Ph. Brucker S. 33 zusammenfaßt, «der Mensch noch dem Herzen der Dinge und Gottes nahe und – wenn auch unbewußt – in den großen Sinnzusammenhang eingebettet, der beim Eintritt in die Welt des Bewußtseins verlorengeht». Ina Seidel empfing ihre unverwischbaren Eindrücke – blutende Wunden, an der Mutterbrust trinkendes Kind – im Verlauf der ersten vier Lebensjahre, und mit den Worten von Ph. Brukker darf man ihre jeweilige Reaktion interpretieren als natürliches Verhalten des Kindes, das unvorbereitet in die Welt des Bewußtseins eintritt und die Dinge, den großen Sinnzusammenhang, mit dem es zuvor eins war, nun als Objekte erlebt.

Kramme (= Krampe) Haken, Klammer

Carl Spitteler

*24. 4. 1845 in Liestal bei Basel –
29. 12. 1924 in Luzern. Studium
der Jurisprudenz, Theologie. Lehrer. Journalist. Freier Schriftsteller.
1919 Nobelpreis.*

*Zitat aus «Meine frühesten Erleb-
nisse» (1945), S. 8–10.*

Er sei kein dichtender Philosoph gewesen, sondern ein philosophierender
Dichter, sagen einige, die sein Werk aus Neigung und mit wissenschaftlicher Akribie prüften und kommentierten (vgl. O. Hofer, W. Guggenheim, W. Stauffacher). Wahrscheinlich ist diese Erkenntnis richtig – sie
läßt sich anhand der Texte mehrfach bestätigen –, und dennoch wäre es
verzeihlich, wenn einer, der Carl Spitteler in seinen «Frühesten Erlebnissen» erstmals begegnet, in ihm zunächst einen Vertreter des – höchst
heterogenen – Philosophenstandes sähe. Denn die Zeilen z. B., die diesem Ausschnitt «Die Großmutter» vorangehen, enthalten eine – zwar
mit dichten dichterischen Bildern reich geschmückte – Philosophie über
das Träumen im allgemeinen, über das Träumen des Kindes und, andrerseits, das des Erwachsenen. Aus eigener Erfahrung stellt Spitteler fest:
«Und wie golden schon die Landschaftsbilder in den Träumen des Erwachsenen leuchten mögen, die Landschaften, die der Traum des Kindes
malt, sind noch viel seliger und süßer» (S. 5). Er fährt weiter, daß die
Träume seiner zwei ersten Lebensjahre seine schönste Bildersammlung
und sein liebstes Poesiebuch seien, und er ist auch der Überzeugung, daß
er als Erwachsener dank dem Traume wieder in seine früheste Kindheit
zurückkehren und wieder genau so schauen und fühlen könne wie einst.
Im kurzen Kapitel «Freilufttheater» (unmittelbar vor «Die Großmutter»)
philosophiert Spitteler dann weiter über seine Rolle als Zuschauer bzw.
Mitspieler im Weltraum; der schwächste Schimmer eines Gedächtnis-
bildes aus der sprachlosen Zuschauerzeit sei ihm heilig wie dem Frommen
die Bibel, weil sich seine Kinderseele damals noch *staunend* auch der geringsten Neuigkeit gegenüber verhalten habe, weil ihr ein «Johannis-
würmchen auf dem Ärmel» damals noch ein lange nachwirkendes Erlebnis gewesen sei.
In dieser unberührten Welt hatte die Großmutter ihren zentralen Platz,
war sie doch der Inbegriff der Liebe, so daß Spitteler – zur Zeit der Niederschrift dieser Erinnerungen etwa achtundsechzigjährig – die kühne
Aussage wagt: «Ich zweifle, ob ich in meinem ganzen späteren Leben
wesentlich Neues dazu erlebt habe.»

«Wenn mich aber jemand fragte: ‹Wann in deinem Leben warst du am meisten Ich? welches deiner Ich in den verschiedenen Lebensstufen geht dich am nächsten an? welches davon würdest du bekennen, falls du wählen müßtest?› – so würde ich antworten: ‹Das meiner frühesten Kindheit›.» Kein anderer Autor innerhalb dieser Anthologie formuliert sein positives Verhältnis zur *frühesten* Kindheit so klar. Spitteler glaubt in seinen ersten Lebensjahren am meisten Ich gewesen zu sein, zu einer Zeit also, da sich das Ich, das Selbstbewußtsein, erst richtig zu formen und zu umgrenzen begann; das Kind wußte sich eben in Liebe und selbstverständlicher Gegenliebe gehalten, geborgen (vgl. Jean Paul, S. 179). Die Innigkeit und Leidenschaft, die im ganzen, überaus kunstreich gestalteten Band «Meine frühesten Erlebnisse» fasziniert, ist von daher erklärlich, und daß der Dichter hier auch zarteste Proben seiner bildhaften Sprache, seiner malerischen wie musikalischen Fähigkeiten gibt, versteht sich nun leichter.

Theodor Storm

14. 9. 1817 in Husum (Schleswig)
– 4. 7. 1888 in Hademarschen
(Holstein). Studium der Jurispru-
denz. Advokat. 1852 aus politischen
Gründen aus der Heimat vertrieben.
Assessor im preußischen Staats-
dienst. Amtsrichter.

Zitat aus: Gertrud Storm « Theodor
Storm» (1912), S. 24–25. Erwähnt:
« Sämtliche Werke», Bd. 4, Berlin
1956.

Theodor Storm stellt zwei Texte zur Verfügung, in denen seine Erinnerung auf die ersten zwei, drei Lebensjahre zurückgeht: Einmal erinnert
er sich an die idyllische Umgebung von Westermühlen, wo er immer wieder
zu Ferienaufenthalten von seinen Großeltern – väterlicherseits – erwartet
wurde (Sämtliche Werke, Bd. 4, S. 535 ff.), das andere Mal an seine engste
Heimat, an sein Zuhause in Husum, an eine Besonderheit im Verhalten
des Vaters ihm gegenüber. Wir haben den zweiten Text gewählt, weil
sich Theodor Storm darin näher befaßt mit den Menschen und Dingen,
die ihn prägten.
In verschiedenen Storm-Lebensbildern fällt auf, daß der Vater, Johann
Kasimir Storm, ein Niedersachse, als nüchterner Mann beschrieben wird,
der, leider ohne Humor, aber auf Grund klarer Sachkenntnis, überzeu-
gend für die Gerechtigkeit eintrat: «als Advokat von einer keuschen
Ehrenhaftigkeit» überwand er das Leben «durch Arbeit und resigniertes
Zusammenraffen» (H. Heitmann, S. 9).
Das hier geschilderte Erlebnis konkret spürbarer Vaterliebe («...daß er
mich – was sonst nicht in seiner Art lag – dabei zärtlich umarmt...») gewinnt noch an Bedeutung, wenn man H. Heitmanns kurzen Passus zu
den Umgangsformen im Hause Storm liest, wobei der Dichter selbst mit
einem Satz aufwartet, der eigentlich im Widerspruch steht zur eben erwähnten Erinnerung an die väterliche Umarmung: «...die Umgangsformen zwischen Eltern und Kindern nicht nur ohne Überschwenglich-
keit – das versteht sich hierzulande von selbst – sondern sogar ausgesprochen kühl. Die nüchterne Natur der Mutter versagt ihr zeitlebens ein
recht innerliches Verhältnis zu ihren Kindern, und dem Vater ist es geradezu Ehrensache, seine Gemütskräfte zu verbergen. ‹Ein nahes Verhältnis fand während meiner Jugend zwischen mir und meinen Eltern
nicht statt; ich entsinne mich nicht, daß ich derzeit jemals von ihnen umarmt oder gar geküßt worden›» (H. Heitmann, S. 10).
Ob der Vater seiner Zuneigung wirklich einmal Ausdruck gab oder ob

sich der Knabe diese Zärtlichkeit stets so sehr gewünscht hatte, daß sich der Wunsch allmählich zum frühesten Erinnerungsbild ausprägte, bleibt dahingestellt. Auf jeden Fall folgt dem lieblichen Eindruck gleich ein Furchterlebnis: «Es war das erstemal, daß mich das Grauen berührte.» Eine Bettquaste muß dem Kind drohend erschienen sein, ein Bestandteil also jener ersten Örtlichkeit, deren sich Theodor Storm noch genau entsinnt – wie die Schilderung des Schlafzimmers beweist. Erstaunlich ist es nicht, daß ein Gegenstand, ein Ding aus der Umgebung, den Dichter ebenso berührte wie die Erfahrung der Liebe seines Vaters; Storms stärkste Novellen sind Zeugnis dafür, daß er ungeheuer tief beeindruckt war und bestimmt wurde von den *Örtlichkeiten* seines Erlebens, und er charakterisiert sich selbst in der Weise: «Ich wüßte nicht, daß bis zu meinem achtzehnten Lebensjahr irgendein Mensch... Einfluß auf mich geübt, dagegen habe ich durch Örtlichkeiten starke Eindrücke empfangen» (zit. aus F. Stuckert, S. 22).

Margarete Susman

14. 10. 1874 in Hamburg – 16. 1.
1966. Studium der Philologie. Ab
1933 in Zürich. Philosophisch-reli-
giöse Lyrikerin, Essayistin.

Zitat aus «Ich habe viele Leben ge-
lebt» (1964), S. 14–16.

«...durch den frühen Schmerz streifte ich an eine der Wurzeln meines Lebens, die des Mitlebens überhaupt.» – So eindeutig sieht sie die Verankerung ihres Strebens, die Neunzigjährige, die eine ganze Reihe von Klassierungsversuchen – Dichterin, Philosophin, Sozialkritikerin, Ästhetikerin, Christin, Jüdin, Theoretikerin der Liebe, Liebende, Mutter, Frauenrechtlerin, philosophisch-religiöse Lyrikerin, Deuterin der Liebe und des christlichen Glaubens usw. – überstand, ohne je gültig be-zeichnet worden zu sein.

Daher ist es naheliegend, einfach die Schriftstellerin selbst sprechen zu lassen. Angesichts der vielen teils widersprüchlichen Deutungen scheint es, daß ihr eigenes Wort ein klareres Bild zu geben vermag.

An die «seltsame Schönheit» ihrer Geburtsstadt Hamburg erinnert sich Frau Dr. h. c. Margarete von Bendemann-Susman (dies ihr vollständiger Name) noch überraschend deutlich, obwohl sie vor, während und nach zwei Weltkriegen viele Städte gesehen, «viele Leben gelebt» hat, wie bereits der Titel der Erinnerungen verrät, denen unser Zitat entnommen ist. Die Dichterin, Denkerin und Deuterin vermag nüchtern zu betrachten, zu ordnen und zu werten, was einst Angelegenheit der gefühlsmäßigen Erfahrung, des kindlichen Gemüts gewesen war; sie ist als Schreibende zwar noch spürbar engagiert, aber den Mächten, die damals wirkten, nicht mehr hilflos ausgeliefert; sie hält fest, was ihr – im Rückspiegel! – entscheidend scheint, und geht gerade hierin ein bißchen weit: Sie muß z. B. erwähnen, daß sie schon als kleines Kind Gedichte und Lieder geschrieben habe. Ferner glaubt Susa – so wurde sie von ihren Freunden genannt – nachträglich, in ihrem sechsjährigen Kinderherzen sei als «erste philosophische Frage» die nach dem Wesen des Mitleids aufgestiegen, in einer Stunde schmerzlichen Verlassenseins.

Man kann demnach mit Recht behaupten, diese Kindheitserinnerungen seien sehr stark geprägt von der spezifischen Sehweise des greisen, abgeklärten Menschen, der den einzelnen Lebensabschnitten anders, oft nahezu in einer Art weiser Entrücktheit, wiederbegegne. Es wäre jedoch schade, wollte man auf Grund dieser Einsicht die Erinnerungen enttäuscht weglegen; Mitleiden und Mitlieben, kurz: Mitleben war ihre

Stärke und ihre Schwäche zugleich, während beinahe eines Jahrhunderts. Wie hätte da Margarete Susman nicht – vor allem nach Stunden schmerzlichsten Mitlebens während des Krieges – Augenblicke aus einer im ganzen «sehr glücklichen Kindheit» und aus einer Stadt von «seltsamer Schönheit» besonders betonen sollen? Ihr trauriges Herz, aus dessen Tiefe doch immer wieder neues Licht brach (vgl. M. Schlösser, S. 29), klammerte sich daran.

Maria Waser

*15. 10. 1878 in Herzogenbuchsee –
19. 1. 1939 in Zürich. Studium der
Geschichte, Germanistik. Reisen.
Mitherausgeberin der Kulturzeit-
schrift «Die Schweiz».*

*Zitat aus «Sinnbild des Lebens»
(1958), S. 30–35. Erwähnt: «Land
unter Sternen», Der Roman eines
Dorfes, Stuttgart 1930. «Nachklang», Frauenfeld und Leipzig
1944.*

Maria Waser gestaltet jede Episode, jeden Abschnitt ihres Lebens zu
einem Bild mit Hintergrund; alles scheint sie in Ruhe und Liebe zum
Detail zu erzählen.

Der äußere Hergang, die Umstände wirken oft wie ein Nichts, so auch
hier, in der Schilderung des frühesten Erlebnisses, da das Kind beim Aufwachen einfach die Köpfe zweier junger Mädchen wahrnimmt, die vom
Garten ins Zimmer schauen – was ist denn schon dabei? An sich nichts,
aber für die kleine Maria Waser bricht in dieser Art das Licht ein und mit
ihm Freude und Seligkeit, Sonne und Lachen. Ab jetzt ist mit dem Einbruch des Lichtes, mit dem Erwachen Freude verbunden. Für Maria Wasers späteres Leben gehören diese Dinge, laut ihrer eigenen Aussage, untrennbar zusammen, und es wäre verlockend, ihr ganzes autobiographisches Schaffen sowie ihre Skizzen und Novellen – eventuell auch ihre schriftlich erhaltenen Kunsteindrücke – auf positive und negative Lichterleb-
nisse hin zu untersuchen.

Achtet man in unserem Zitat etwas auf die Besonderheiten in der Wort-
wahl, so fällt bald auf, daß sich die Gestalten in einer Atmosphäre bewegen, die entweder golddurchwirkt oder aber kalt und böse ist: entweder
spielt Licht mit – gleichbedeutend mit dem Guten, mit Liebe, Wohlwollen, Verzeihen, Freude – oder aber die «dunkeln Stuben» der Bosheit
und Rücksichtslosigkeit haben den Vorrang.

Nicht nur an das Ur-Erlebnis im lichten Bereich mag sich die Dichterin
erinnern; sie weiß auch noch, wann und wodurch sie aus ihrer «goldenen
Welt herausgerissen und in eine kalte, lärmende Öde gestellt wurde»
und daß ihr «davon ein Leid geschah, ganz innen, den anderen nicht vernehmlich, aber so grausam, wie man es bei einem kleinen Kinde nicht
für möglich halten würde». Auch dieses Erlebnis – mit dem gewaltigen,
unverhofft polternden und aus der Kälte eindringenden «Neujahrsmutti»
– erscheint Maria Waser als «Vorspiel und Omen» für ihr ganzes Dasein.
Sie, die bei ihrer Mutter Geborgenheit fand und kaum größere Wonne
kannte, als auf Mutters Schoß warm gehalten zu werden und ihrer Stimme

zu lauschen, erfuhr durch den als Neujahrsmutti verkleideten Vater erst-
mals Kälte, Lärm und Öde. Esther Gamper-Waser, die Schwiegertochter
Maria Wasers, sagt auf den ersten Seiten von «Frühe Schatten – Frühes
Leuchten», daß Maria Waser ihre Mutter vor allem als Gegensatz zum
Vater erlebt habe, daß sie erst mit den Jahren zur inneren Harmonie ge-
funden habe, «indem sie die Eltern als Vorbilder, die eigene Wesens-
gleichheit mit ihnen als eine Beglückung zu fassen lernt» (E. Gamper,
S. 17).

Es ist aber nicht so, daß der Vater das dunkle, die Mutter das helle Prinzip
in ihrer Kindheit verkörperten, wie man aus der Neujahrsmutti-Episode
schließen könnte. Die Gegensätze zwischen Vater und Mutter, ihre einander komplementär zugeordneten Eigenschaften lassen sich am zarte-
sten und genauesten in den Worten ausdrücken, die die Dichterin selbst
gebraucht, um die Hände von Vater und Mutter zu beschreiben: «...weich
beseelt bei der Mutter, hager und bis in die letzten Gefühlsfeinheiten
durchgearbeitet beim Vater»; die Hände beider aber ließen «von weitem
erkennen..., daß sie zum Beschwichtigen geschaffen waren, zum Helfen,
Wohltun und Dienen» (M. Waser, Nachklang, S. 241).

TEXTERKLÄRUNG
Gutsli   Gebäck

Peter Weiss

18.11.1916 in Nowawes bei Berlin.   *Zitat aus «Abschied von den Eltern»*
1934 Emigration nach Prag. Besuch   *(1961), S. 15–17, 20–24.*
der Kunstakademie. Filmregisseur.
Maler. Schriftsteller.

Bei Hans Carossa lesen wir den Satz: «Kaum drei Jahre alt, war ich weder für Furcht noch für Entzücken genug entfaltet; ich saß am Arm der Mutter und spürte durch sie hindurch den sichern Gang der Welt» (Hans Carossa, Eine Kindheit, S. 7–9). Der Einklang des Kindes mit dem Lebensnotwendigen, mit der sicheren Tragkraft der Mutter, könnte nicht deutlicher und schöner ausgedrückt werden.

Demgegenüber bekennt Peter Weiss Disharmonie, Ur-Zerworfenheit, man könnte meinen seit dem ersten Tag seines Seins, seit seiner Existenz im Mutterleib: Ihm ist, als sei er wie ein böser Geist in die Welt, in das Heim gekommen, in dem er aus «mythologischem Dunkel zum ersten Bewußtsein erwachte»; «die Mutter kommt und schreit und fegt die Briefmarken zusammen und wirft sie ins Ofenfeuer»; die Mutter steht hinter dem Kleinen und zwingt ihn zu seinen ersten Verrichtungen; da ist das Gesicht der Mutter, das den Kleinen erst aufnimmt, ihn dann aber wieder von sich stößt; aus dem Gesicht mit den dunklen Augen wird plötzlich eine Wolfsfratze mit drohenden Zähnen; Schlangenköpfchen züngeln dort, wo das Kleinkind eben noch gesäugt wurde – und die mütterlichen Hände! (vgl. Maria Waser, S. 214) Sie packen, reißen, schütteln, das Kind versucht vergeblich der Gewalt zu entgehen, dem pausenlos Wirbelnden, Kochenden im Bannkreis der alles beherrschenden Muttergestalt.

Abgesehen davon, daß sich Peter Weiss gerade an dasjenige Wesen in tiefer Verletztheit und Bitterkeit erinnert, das anderen, z. B. Hans Carossa und Maria Waser (S. 152 und S. 213–214), liebevolle Wegbereiterin war, muß sofort auffallen, mit welcher Genauigkeit und grausamen Härte er die Details zutage fördert; keine Nachsicht, kein Verzeihen des venünftigen, distanzierten Erwachsenen! Peter Weiss ist zu ehrlich für ein «Bekenntnis auf Abstand». W. Weber faßt so zusammen: «In seiner Arbeit herrscht Genauigkeit; nichts ist verschmitzt... Sein Erinnern ist grausam bis zum Grade, wo das Grauen neben dem Gelächter gilt; es ist genau und alltäglich bis zur Grenze, wo Traum und Alb zu quälen anfangen» (W. Weber, Tagebuch, S. 225, 228). U. Jenny bemerkt ähnlich:

«...dieser Bericht ist wahrhaftig in seiner Genauigkeit, in seiner Rück
sichtslosigkeit gegen sich selbst» (U. Jenny, in DU, 1961, S. 60).
Ob man nun folgert, Peter Weiss habe sich nur von der Last der Erinnerungen befreien können, indem er sie grausam und ehrlich aus sich «her-
ausschrieb», oder ob man seine Härte als direkte Folge des Mangels an
Liebe interpretiert, unter dem der Dichter stets und noch leidet: «Peter
Weiss reißt eine *Vision* [meine Hervorhebung] der Kindheit auf...»
(U. Jenny, in DU, 1961, S. 59), wobei Ahnung und eindeutige Sinneser-
fahrung einmalig verflochten sind; er ahnt nur «den Winkel eines Fußbodens», er ahnt Briefmarken, als Tatsache aber gilt, daß die Brüder
schrien, daß die Mutter schrie, daß sie alles wegfegte und ins Feuer warf,
daß sie ihn tief in den Steiß drückte; Peter Weiss spürt noch, wie ihn die
Hände rissen und schüttelten (s. oben), wie er rücklings an die Kante des
Kachelofens fiel... Die Räume und Gegenstände liegen also im Halbdunkel, die Äußerungen der Umgebung — samt den Konsequenzen für
das Kind — gehören einer anderen Ebene an, der des Wissens. U. Jenny
siedelt den «Abschied von den Eltern» «denkbar weit von aller Sehnsucht
nach einem verlorenen Paradies» an (U. Jenny, in DU, 1961, S. 59); zwischen den Zeilen scheint uns aber ein Grund-Heimweh unüberhörbar:
«Die Mutter wußte alles, konnte alles, bestimmte alles. Auguste wußte
nie mehr als ich, alles sahen wir mit dem gleichen Erstaunen.» — Aus
dem Zusammenhang gerissen, könnte dieser Satz als Beweisstück einer
grenzenlosen Bewunderung des Knaben für die Mutter gelten. Hält man
sich aber vor Augen, was auf den unmittelbar vorangehenden Seiten über
die Mutter einerseits und die alte, zum Haushalt gehörige Auguste andrerseits gesagt wird, so besteht kein Zweifel, daß das Kind eben gerade das
Staunen der milden Unwissenden (Auguste) liebte und daß ihm, wie bereits aufgezeigt, die Allgewalt der Mutter zum Verhängnis gereichte.

Anton Wildgans

*17. 4. 1881 in Wien – 3. 5. 1932
in Mödling bei Wien. Hauslehrer.
Privatsekretär. Studium der Jurisprudenz. Ab 1912 freier Schriftsteller. Direktor des Wiener Burgtheaters.*

*Zitat aus «Musik der Kindheit», in:
A. Wildgans, Sämtliche Werke
(1948–1956), Bd. 6, S. 17–20.
Erwähnt: Lilly Wildgans (Hrsg.),
Anton Wildgans, Ein Leben in Brie-
fen, 3 Bde., Wien 1947.*

Wie ich schon als Knabe war,
Wird hier deutlich offenbar:
Trotzig, rauh, in mich gekehrt,
Ach, nicht allzu liebenswert!
Und so bin ich auch geblieben –
Mußt mich trotzdem weiterlieben!

Wie er sich selbst in dieser «Widmung» (Sämtliche Werke, Bd. 7, S. 318)
vorstellt, erscheint er in unserem Zitat nicht: Der knapp Vierjährige ist
zwar in sich gekehrt – Zwiegespräche mit seinen eigenen Füßen führend
–, aber nicht trotzig, nicht rauh, vielmehr unendlich bemitleidenswert.
Als ahnungsloses Geschöpf wird er mit dem Unabänderlichen konfron-
tiert, und man spürt, daß der Tod der geliebten Mutter der kindlichen,
echten Sorg-losigkeit ein Ende bereitet. Die Kindheit, «die einzige unver-
stümmelte Natur, die wir in der kultivierten Menschheit noch antreffen»
(Friedrich Schiller, zit. aus G. Schelbert-Büchi, S. 134), erleidet damit den
ersten, lebenslang schmerzenden Schlag. Anton Wildgans hat unsäglich
gelitten, wie mehrmals in den autobiographischen Aufzeichnungen und in
verschiedenen Briefen nachzulesen ist: «der schon in frühem Kindesalter
so tragisch empfundene Verlust der Mutter und die dadurch bedingten
inneren Nöte, wie sie uns der Dichter an so mancher Stelle in ‹Musik der
Kindheit› offenbart, hatten den Grundstein zu einer außergewöhnlichen
Seelenentwicklung gelegt» (L. Wildgans, in: A. Wildgans, Sämtliche
Werke, Bd. 6, S. 231/232).
Nicht zufällig bildet also die Erinnerung an gemeinsame Stunden mit
der Mutter den Auftakt zum echt episch angelegten Rückblick in Kindheit und Jugend; und die letzte Begegnung des Kindes mit der Sterben-
den sowie die Dämmerstunde nach dem Begräbnistag sind ergreifend geschildert. Ja noch der Student Anton Wildgans hebt das Wunder und die
Unvergleichlichkeit mütterlicher Liebe hervor, wenn er sich nicht wahrhaftig wiedergeliebt sieht von Wesen, die er anbetet; er sehnt sich dann

nach der Mutter «reiner, begütigender, helfender Liebe, nach diesem Gegenpol in der Not eines verderbenbringenden Verhaftetseins» (L. Wildgans, in: A. Wildgans, Sämtliche Werke, Bd. 6, S. 240).

Nicht nur sind diejenigen Textstellen, die um die Liebe und den frühen Abschied von der Mutter kreisen, als Worte eines Verletzten, Fliehenden zu interpretieren: Die ganze «Musik der Kindheit» wird von einem Menschen heraufbeschworen, der sich der Qual der Gegenwart entziehen muß: «In die dämmernden Anfänge der ersten Hälfte meines Lebens will ich mich flüchten, weil ich mit der Gegenwart der zweiten gestalterisch noch nichts anzufangen weiß...» (G. Schelbert-Büchi, S. 134).

Andrerseits ist es der Wille zur Ehrlichkeit, der den zurückblickenden Wiener davor bewahrt, alles Vergangene rosig zu sehen: «Den unbedingten Willen zur Wahrhaftigkeit und Redlichkeit gegenüber sich und den andern hatte er von seinen väterlichen Vorfahren geerbt. Seinen entschiedenen Wahrheitsdrang zeigt eine fast paradoxe Eintragung im Tagebuch: ‹...und die Lüge ist die einzige Sünde, schwerer denn Mord›» (G. Schelbert-Büchi, S. 11).

Ebenfalls aus Gründen der Ehrlichkeit nimmt alles Autobiographische bei Anton Wildgans eine Vorrangstellung ein.

TEXTERKLÄRUNG
Chaudeau   warme Weinschaumsauce

Ernst Zahn

24. 1. 1867 in Zürich – 12. 2. 1952 *Zitat aus «Als unsre großen Dichter*
in Zürich. Kellnerlehrling. Cafetier. *noch kleine Jungen waren» (1911),*
Volksschriftsteller. *S. 179–181. Erwähnt: «Vorbei!*
Vorbei!», Jugenderinnerungen,
Zürich 1947.

Die «Guten Schriften» veröffentlichten zum 24. Januar 1947 Jugenderinnerungen des achtzigjährigen Ernst Zahn; bereits im Glückwunsch-
Vorwort der Herausgeber wird man aufmerksam gemacht auf die «vor-
übergehende Niederlage des jungen Kellners» Ernst Zahn, «der mit den
Dingen im Raum anfänglich nicht zuwege kam», und wer Meinrad Inglins «Werner Amberg» im Gedächtnis hat, sieht gleich eine Querver-
bindung vom Zürcher zum Innerschweizer.
Tatsächlich können auch in den Erinnerungen an die früheste Kindheit
Parallelen zwischen beiden aufgedeckt werden, abgesehen davon, daß
beide in der Sekundärliteratur mit einem Dritten, mit Gottfried Keller,
verglichen werden (s. M. Inglin, S. 177; vgl. E. Zahn, Vorbei! Vorbei!,
S. 3–4). Die Verwandtschaft Meinrad Inglins mit Gottfried Keller ist
zweifellos deutlicher ausgeprägt, die Linie vom einen zum andern direk-
ter; mit anderen Worten: Meinrad Inglin ist Enkel, während dem Ernst
Zahn einer Nebenlinie angehört.
In unserem Zitat beschreibt der Dichter seinen ersten «selbständigen
Schritt in die Welt»; mit geschulterter Schweizerfahne und einem Strohhut auf dem Kopf durchwanderte der Knirps die belebteste Straße des
alten Zürich, und das Bildchen mutet noch köstlicher an, wenn man es in
der zweiten, um etwa fünfunddreißig Jahre jüngeren Fassung liest. Das
Signalement des Kleinen ist dort detaillierter gegeben, das Kindlich-Sorg-
lose liebevoll illustriert:
«Diese Mutter erschrak auch ein paar Wochen später, als die Wärterin des
neugeborenen Schwesterchens umsonst nach dem Knaben und Bruder
rief, der sie bei einem Spaziergang mit dem Kinde begleiten sollte und
nirgends zu finden war. Man suchte und suchte, entdeckte, daß auch der
mächtige Strohhut der Wärterin, der blaue Schleier des Säuglings und
die rote Schweizerfahne des Buben, die eben noch am Bett gelehnt, fehl-
ten; aber von dem Jungen selbst blieb keine Spur. Dieser, dem die Warte-
zeit lang geworden, dem Geduld nie eigen war, marschierte inzwischen,
selbst noch im Mädchenkleide, den schutzhaften Strohhut der Wärterin
wie ein Dach über der kurzen, dicken, eigenen Person, den blauen

Schleier um den Hals gewickelt, die rot-weiße Fahne geschultert, Platz
und Straßen entlang und über eine Brücke zur ‹größeren Stadt›, wo an
der untern Kirchgasse der Großvater und Metzgermeister wohnte. Die
langen Hutbänder und der Schleier streiften am Boden, die Fahne flog
ein wenig im leisen Winde und der kleine Wandersmann sang vor sich
hin: ‹Roti Rösli im Garte, Maierisli im Wald›, während staunende und
lächelnde Blicke der wenigen Vorübergehenden ihm folgten.
Noch gab es in Zürich weder Straßenbahn noch Kraftwagen. Noch war
da keine Großstadt. Aber groß war doch auch bei Großvater Bucks die
Aufregung, als unvermutet der kleine Ausreißer in den Wurst- und
Fleischladen trat. Auf der Großmutter angstvolle Frage: ‹Ja, um Gottes-
willen, Bübli, wo kommst du denn her?›, gab der kleine Mann die Antwort, er sei immer den ‹weißen Weg›, nämlich den Fußsteig gegangen.
Das Leben hat seither den Wanderer oft genug vom ‹weißen›, sichern
Steig gestoßen» (E. Zahn, Vorbei! Vorbei!, S. 10).

Der blaue Schleier des Säuglings kommt hier als Halsschmuck hinzu; die
langen Hutbänder werden speziell erwähnt, und die ganze Verfassung
des kleinen Ausreißers ist in ein paar Sätzen treffend verewigt. Ein kurzer
Blick vom Gehsteig auf den sichern Steig des Lebens bildet den Abschluß
dieser Erinnerung.
Dem Achtzigjährigen ist die Schilderung demnach viel breiter und far-
benfroher gelungen.
Nicht nur von kindlicher Heiterkeit, sondern von echt lausbubenhaftem
Witz zeugt demgegenüber die vergleichbare Szenenfolge aus dem Leben
des kleinen Werner Amberg (s. S. 67). Schon auf den ersten Blick wirkt
Meinrad Inglins Beschreibung hintergründiger und damit dem Stil von
Gottfried Keller näher. Der Ausblick auf «das Leben im großen» ist in
der Art des Beschreibens selbst enthalten und braucht nicht expressis verbis angefügt zu werden wie bei Ernst Zahn.

Carl Zuckmayer

27.12.1896 in Nackenheim am Rhein. 1914–1918 Kriegsfreiwilliger. Studium der Naturwissenschaften. Freier Schriftsteller. Regieassistent. Dramaturg. Farmer in Vermont. Seit 1958 in Saas-Fee (Wallis).

Zitat aus «Als wär's ein Stück von mir» (1966), S. 133–134.

Carl Zuckmayer ist heute Schweizer; er war Österreicher; er war Amerikaner; durch sein Werk hindurch ist er Rheinhesse geblieben. «Die Rheinlandschaft hat, wie er sagt, sein Wachstum, seine Sprache, Bild und Gehör geprägt» (A. Bauer, S. 10/11).
Aber fern von süßer Rheinromantik, von Lorelei und weinseligem Ulk ist die innere Verwandtschaft des Autors mit seiner Heimat zu verstehen; eher die Kraft und Zielstrebigkeit des Stromes als sein zeitweise überaus liebliches Ufergeschmeichel finden sich in des Dichters Wesen und Sprache wieder: «Es ist ein besonderes Geschenk, an einem Strom geboren zu sein... Im Strom sein, heißt, in der Fülle des Lebens stehen» (zit. aus A. Bauer, S. 11).
Zuckmayer stammt aus gutbürgerlichem Haus. Allerdings hat es da «nie einen Künstler gegeben, auch keinen Schriftsteller oder Gelehrten, nicht einmal einen Pfarrer oder Lehrer» (zit. aus A. Bauer, S. 14). Das dichterische Talent war keineswegs Familienerbe, obschon die Großmutter mütterlicherseits eine lebhafte Phantasie hatte, von musischen Neigungen erfüllt war und das Theater liebte. Die Anregungen kamen eher von Streifzügen in die spannende Welt außerhalb des bürgerlichen Gesichtskreises: Zuckmayer brach als kleiner Knabe schon gerne aus, ins Revier der Proletarierjungen und – in die Natur! Es gäbe unzählige Beweise dafür, daß dies *sein* Element war; hier nur zwei Stellen aus dem umfassenden Erinnerungsbuch «Als wär's ein Stück von mir»:
«...schreiben konnte ich immer nur auf dem Land und hatte mich auch schon früher dazu, wenn es irgend anging, in eine möglichst abgelegene Nisthöhle verkrochen» (S. 20).
«Mit ihren herben Zügen und ihrem bäurischen Wesen wirkten die beiden, Josef und Justina, in ihrer Weise schön, und man freute sich ihres Anblicks, weil sie *natürlich* [meine Hervorhebung] waren, stolz und mit sich selbst im Einklang» (S. 23).
Der Ort, wo sich Zuckmayers dichterische Kraft entfalten kann, ist die

Natur; was den Menschen schön und anmutig macht in seinen Augen, ist die Natürlichkeit. – In der Sekundärliteratur wird denn auch verschiedentlich auf diesen starken Hang zu Natur und Natürlichkeit eingegangen. Bei L. Rinser finden wir sogar die Überzeugung: «Von der Natur, von ‹unten her› also, stammt auch das Beste, was Zuckmayer schrieb. Von dort her kommt der naturhafte, der eindringliche Zauber der Verse, und die schönsten Stellen seiner Prosa und seiner Stücke sind jene, in denen die Natur ohne störenden Umweg über den Verstand und nur mit Hilfe des Kunst-Instinkts fast unmittelbar zur Dichtung wird...» (L. Rinser, S. 54).

Im Rahmen einer Fernsehsendung – «Quelle, Tier und Baum» – zu seinem 70. Geburtstag schilderte Carl Zuckmayer ebenfalls die Natur, die ihn in frühester Jugend umgab; dort ging es vor allem um das plätschernde, murmelnde «Quellche» gegenüber dem Geburtshaus; in unserem Zitat liegt besonderes Gewicht auf einem Fleckchen Weinberg, erfüllt vom zauberischen Funkeln und Schwirren unzähliger feuergrüner Leuchtkäfer.

Es war und ist Zuckmayers Bestimmung, sich stets neu als einen der Natur Angehörenden zu erkennen: «Später... habe ich natürlich nicht nach einem Haus gesucht, an dem es auch eine Quelle gab, sondern ich habe es ohne zu suchen gefunden», sagt er 1966 und meint das Wiesmühlenhaus in Henndorf bei Salzburg, wo er sich wie im Paradies fühlte.

TEXTERKLÄRUNG

Mullschleier

Mull: weitmaschiges Baumwollgewebe

Literaturverzeichnis

Die unter «Sekundärliteratur» aufgeführten Werke erscheinen in den Kommentaren abgekürzt, und zwar mit dem Anfangsbuchstaben des Vornamens und dem vollen Nachnamen des Autors bzw. Herausgebers; wo Verwechslungen möglich sind, wird diesen Angaben ein Titelstichwort beigefügt (z. B. W. Weber, Tagebuch).

Verdankung

Folgende Verlage und Persönlichkeiten erteilten freundlicherweise ihre Abdruckserlaubnis für diese Anthologie:
Verlag der Arche (F. Dürrenmatt), Atlantis-Verlag (R. Faesi, R. Huch, M. Inglin), E. v. Bendemann (M. Susman), Verlagsgruppe Bertelsmann (R. Binding, E. Schaper), Diogenes-Verlag (A. Andersch), F. Ehrenwirth-Verlag (G. von Le Fort), S. Fischer-Verlag (C. Zuckmayer), Insel-Verlag (H. Carossa), Verlagsgruppe Langen-Müller/Herbig (C. Goetz), Limes-Verlag (G. Benn), Verlag F. Molden (A. Schnitzler), O. Müller-Verlag (F. Nabl), R. Piper-Verlag (S. Andres), P. A. Schilpp (M. Buber, W. Schnurre), Suhrkamp-Verlag (H. Hesse, H. E. Nossack, P. Weiss), Ullstein-Verlag (G. Hauptmann), Walter-Verlag (H. Habe), H. Waser (M. Waser).

Quellen

ANDERSCH, ALFRED: Die Kirschen der Freiheit, Ein Bericht, Zürich 1968

ANDRES, STEFAN: Der Knabe im Brunnen, Roman, 17.–21. Tausend, München 1954

BENN, GOTTFRIED: Doppelleben, Zwei Selbstdarstellungen, 3. Auflage, Wiesbaden 1958

BINDING, RUDOLF G.: Unvergängliche Erinnerung, Aus der Autobiographie «Erlebtes Leben», Stuttgart 1964

BÖLL, HEINRICH: Über Herkunft und Milieu, Ein Selbstporträt, in: Welt und Wort 1960, S. 143–144

BRÄKER, ULRICH: Lebensgeschichte und natürliche Ebenteuer des armen Mannes im Tockenburg (1789), in: Bräkers Werke in einem Band, Berlin und Weimar 1964

BUBER, MARTIN: Autobiographische Fragmente, in: Schilpp, Paul Arthur / Friedman, Maurice (Hrsg.), Martin Buber, Stuttgart 1963

CAROSSA, HANS: Eine Kindheit, in: Sämtliche Werke, Bd. 2, Frankfurt am Main 1962

DÜRRENMATT, FRIEDRICH: Theater-Schriften und Reden I, Zürich 1966

VON EBNER-ESCHENBACH, MARIE: Meine Kinderjahre, Biographische Skizzen, in: Ges. Werke in drei Einzelbänden, Bd. 3, München 1972

FAESI, ROBERT: Erlebnisse, Ergebnisse, Zürich 1963

FEDERER, HEINRICH: Am Fenster, Jugenderinnerungen, Berlin 1931

FONTANE, THEODOR: Meine Kinderjahre, in: Ausgewählte Werke in Einzelausgaben, Bd. 4, Frankfurt am Main, Wien und Zürich 1964

GAISER, GERD: Unter manchen Schwierigkeiten, in: Zeitwende 1968, S. 770–777

GOETZ, CURT: Die Memoiren des Peterhans von Binningen, Stuttgart 1960

GRILLPARZER, FRANZ: Sämtliche Werke, Historisch-kritische Gesamtausgabe von A. Sauer, Wien 1925; zit. nach: Klinke, Willibald (Hrsg.), Schön ist die Jugend, Erinnerungen aus zwei Jahrhunderten, Zürich 1948

HABE, HANS: Ich stelle mich, Meine Lebensgeschichte, Wien, München und Basel 1954

HAUPTMANN, GERHART: Das Abenteuer meiner Jugend, in: Sämtliche Werke, Bd. 7, Frankfurt am Main und Berlin 1962

HESSE, HERMANN: Gesammelte Werke, Frankfurt am Main 1970

HUCH, RICARDA: Gesammelte Schriften, Essays, Reden, Autobiographische Aufzeichnungen, Zürich 1964

INGLIN, MEINRAD: Werner Amberg, Die Geschichte seiner Jugend, Roman, 2. Auflage, Zürich 1969

KERNER, JUSTINUS: in: Die Jugend großer Deutscher, Von ihnen selbst erzählt, Wiesbaden o.J.

VON LE FORT, GERTRUD: Hälfte des Lebens, München 1965

LICHNOWSKY, MECHTILDE: Kindheit, Berlin 1934

MIEGEL, AGNES: Kinderland, Heimat- und Jugenderinnerungen, Leipzig o.J.

MORITZ, KARL PHILIPP: Anton Reiser, Ein psychologischer Roman, München 1961

NABL, FRANZ: Der erloschene Stern, Eine Kindheit und Jugend um die Jahrhundertwende, Salzburg 1962

NOSSACK, HANS ERICH: Spirale, Roman einer schlaflosen Nacht, Frankfurt am Main 1956

JEAN PAUL (Friedrich Richter): Wahrheit aus Jean Paul's Leben, Erstes Bändchen, Breslau 1826

SCHAPER, EDZARD: Bürger in Zeit und Ewigkeit, Hamburg 1956

SCHNEIDER, REINHOLD: Ringe des Lebens, Ein Selbstporträt, in: Welt und Wort 1954, S. 157–159

SCHNITZLER, ARTHUR: Jugend in Wien, Eine Autobiographie, München 1971

SCHNURRE, WOLFDIETRICH: Schreibtisch unter freiem Himmel, Polemik und Bekenntnis, Olten und Freiburg i. Br. 1964

SCHRÖDER, RUDOLF ALEXANDER: Aus meiner Kindheit, Olten 1953

SEIDEL, INA: Meine Kindheit und Jugend, Ursprung, Erbteil und Weg, Stuttgart und Berlin 1935

SPITTELER, CARL: Meine frühesten Erlebnisse, Zürich 1945

STORM, THEODOR: in: Storm, Gertrud, Theodor Storm, Ein Bild seines Lebens, Jugendzeit, Berlin 1912

SUSMAN, MARGARETE: Ich habe viele Leben gelebt, Erinnerungen, Stuttgart 1964

WASER, MARIA: Sinnbild des Lebens, Frauenfeld 1958

WEISS, PETER: Abschied von den Eltern, Erzählung, Frankfurt am Main 1961

WILDGANS, ANTON: Musik der Kindheit, Ein Heimatbuch aus Wien, in: Wildgans, Lilly (Hrsg.), Anton Wildgans, Sämtliche Werke (1948–1956), Bd. 6, Wien und Salzburg

ZAHN, ERNST: in: Als unsre großen Dichter noch kleine Jungen waren, Selbsterzählte Jugenderinnerungen von G. Engel, O. Ernst, G. Falke, L. Fulda, J.Ch. Heer, R. Herzog, K. Rosner, R. Voss, A. Wilbrandt, E. Zahn, Leipzig und Berlin o.J.

ZUCKMAYER, CARL: Als wär's ein Stück von mir, Horen der Freundschaft, Frankfurt am Main 1966

Sekundärliteratur

Adler, Alfred: Erste Kindheitserinnerungen, Int. Zeitschrift für Individualpsychologie, 11 p. 81 ff, 1933

Aellen, Hermann: Heinrich Federer, Zu seinem 50. Geburtstag, Heilbronn 1916

Alker, Ernst: Die deutsche Literatur im 19. Jahrhundert (1832–1914), 2. Auflage, Stuttgart 1962

Alker, Ernst: Gelehrsamkeit und Dichtung, Robert Faesi zum 70. Geburtstag, in: Neue literarische Welt 1952/53.

Ammann, Klaus: «Erfahrungen», Gespräch mit Hans Habe, in: Die Ostschweiz 21. 4. 1973

Bänziger, Hans: Frisch und Dürrenmatt, 5. Auflage, Bern 1967

Barbizet, J.: Le problème du codage cérébral, Ann. Méd. psychol. 122, I./1, p. 1, 1964

Barthel, Ludwig Friedrich: in: Binding, Rudolf G., Die Briefe, Hamburg 1957

Bauer, Arnold: Carl Zuckmayer, Berlin 1970

Baum, Marie: Leuchtende Spur, Das Leben Ricarda Huchs, Tübingen und Stuttgart 1950

Baumgarten, Helene: Ricarda Huch, Von ihrem Leben und Schaffen, Weimar 1964

Behl, C(arl) F(riedrich) W. / Voigt, Felix A(lfred): Gerhart Hauptmanns Leben, Chronik und Bild, Berlin 1942

van den Berg, J. H.: Metabletica – über die Wandlung des Menschen. Grundlagen einer historischen Psychologie, Göttingen/Zürich 1960

Berger, Kurt: Die Dichtung Rudolf Alexander Schröders, Das Unvergängliche im vergänglichen Sein, Marburg an der Lahn 1954

Bernstein, A. E. H./Blaher, R. S.: The Recovery of a Memory from three months of age Presented at the Fall Meetings of the American Psychoanalytic assoc. New York, Dez. 16, 1966

Beyer-Fröhlich, Marianne: Die Entwicklung der deutschen Selbstzeugnisse, Leipzig 1930

Bienek, Horst: Werkstattgespräche mit Schriftstellern, München 1962

Bleuler, Eugen: Die Mneme als Grundlage des Lebens und der Psyche, Die Naturwissenschaften, 21, 5/6/7, p. 100–109, 1933

Brassel-Aeppli, Verena: Hans Carossa: Eine Kindheit, Interpretation, Zürich 1969

Brucker, Philipp: Das geschichtliche Element im dichterischen Werk Ina Seidels, Freiburg i. Br. 1954

Buber, Martin: Werke, Bd. I. Schriften zur Philosophie, München 1962
Bühler, Charlotte: Kindheit und Jugend, Genese des Bewußtseins, 4. Auflage, Göttingen 1967
Bühler, Charlotte: Der menschliche Lebenslauf als psychologisches Problem, Leipzig 1933
Bühler, Ch./Massarik, F.: Lebenslauf und Lebensziele, Stuttgart 1969
Burckhardt, Carl J.: Abschied von Rudolf Alexander Schröder, München und Heidelberg 1962
Büttiker, Heinz: Justinus Kerner, Ein Beitrag zur Geschichte der Spätromantik, Zürich 1952
von Dach, Charlotte: Am Abend der Zeit, Zu einem Roman von Edzard Schaper, in: Der Bund 28. 11. 1971
Dilthey, Wilhelm: Das Erlebnis und die Dichtung, 13. Auflage, Stuttgart 1957
Documenta Geigy: «Gedächtnis», mit Beiträgen von M. Rosenzweig, H. A. Tritthart, M. Victor u. a., Basel 1969
Dornheim, Nicolàs Jorge: Das Gedächtnisfest, Das Motiv der Erinnerung in der Dichtung Hermann Hesses, München 1969
Drachmann, D. A.: Memory and the hyppocamp complex, Ref. in Nervenarzt 1965
Dreikurs, R.: Die therapeutische Praxis der Individualpsychologie, Gais/ Schweiz, Mai 1966
Dubsky, Franz: in: von Ebner-Eschenbach, Marie, Krambambuli, und andere Erzählungen, Stuttgart 1970
Dudycha, G. J./Dudycha, M. M.: Childhood Memories: A Review of the literature, Psychol. Bull. 38, 1941
Der unbequeme Dürrenmatt: Mit Beiträgen von Gottfried Benn, Elisabeth Brock-Sulzer, Fritz Buri, Reinhold Grimm, Hans Mayer und Werner Oberle, Basel und Stuttgart 1962
Eisenstein, V. W., Reyerson, R.: Psychodynamic significance of the first conscious memory, Menninger Clinic Bull. 15, 1951
Formen der Selbstdarstellung: Analekten zu einer Geschichte des literarischen Selbstportraits, Berlin 1956
Freud, Sigmund: Über Kindheits- und Deckerinnerungen, in: Zur Psychopathologie des Alltagslebens, Ges. Schriften, Leipzig/Wien/Zürich 1904
Freud, Sigmund: Eine Kindheitserinnerung aus Dichtung und Wahrheit, in: Ges. Werke, Frankfurt 1966
Fricke, Hermann: Theodor Fontane, Chronik seines Lebens, Berlin-Grunewald, 1960
Gamper, Esther: Frühe Schatten – Frühes Leuchten, Maria Wasers Jugendjahre, Frauenfeld 1945
Gaupp, Robert: Psychologie des Kindes, Leipzig 1908

Geulen, Hans: Hans Erich Nossack, in: Weber, Dietrich (Hrsg.), Deutsche Literatur seit 1945, in Einzeldarstellungen, Stuttgart o. J.

Goldschmit-Jentner, Rudolf K.: in: Binding, Rudolf G., Unvergängliche Erinnerung, Aus der Autobiographie «Erlebtes Leben», Stuttgart 1964

Guggenheim, Werner: Carl Spittelers Weltanschauung, Eine Studie, Lausanne 1918

Gusdorf, Georges: Conditions et limites de l'autobiographie, in: Formen der Selbstdarstellung, Analekten zu einer Geschichte des literarischen Selbstportraits, Berlin 1956

Guthke, Karl S.: Gerhart Hauptmann, Weltbild im Werk, Göttingen 1961

Häberlin, Paul: Philosophia perennis, Berlin 1952

Hartmann, Ursula: Typen dichterischer Selbstbiographien in den letzten Jahrzehnten, Bonn 1940

Heitmann, Hans: Theodor Storm, Die Dichter der Deutschen, Stuttgart 1940

Helbling, Carl: «Werner Amberg» von Meinrad Inglin, in: Neue Schweizer Rundschau, Neue Folge 1949, H. 8, S. 522–524

Herzka, Heinz Stefan: Das Kind im geistigen Klima, Bern 1968

Hilscher, Eberhard: Gerhart Hauptmann, Berlin 1969

Hilty, Hans Rudolf: Das Wunder Ulrich Bräker, Zum hundertfünfzigsten Todestag des «Armen Mannes im Toggenburg», Separatdruck aus dem «Toggenburger Heimat-Kalender», Bazenheid 1948

Hocke, Gustav René: Das europäische Tagebuch [m. Bibl.], Wiesbaden 1963

Hofer, Oskar: Die Lebensauffassung in Spittelers Dichtung, Bern 1929

Hohoff, Curt: Gerd Gaiser, Werk und Gestalt, München 1962

Holzinger, Alfred: in: Nabl, Franz, Ausgewählte Werke in vier Bänden, Bd. 1, Wien o. J.

Hoppe, Else: Ricarda Huch, Weg, Persönlichkeit, Werk, 2. Auflage, Stuttgart 1951

Hug-Hellmuth, H. v.: Vom wahren Wesen der Kinderseele, Imago, 2, 1913

Hunter, I.M.L.: Memory – Facts and Fallacies, Pelican Book, A 405, Penguin Books, 4. Aufl., 1962

Illingworth, R.S. und Illingworth, C.M.: Lessons from Childhood, Some Aspects of the early life of unusal Men and Women, Edinburgh/London 1966

Jenny, Urs: Peter Weiss, in: DU, November 1961

Just, Gottfried: Ironie und Sentimentalität in den erzählenden Dichtungen Arthur Schnitzlers, Berlin 1968

Kästle, Hermann: Künder zwischen Macht und Gnade, Zum 70. Geburtstag von Reinhold Schneider, in: Die Ostschweiz 19. 5. 1973

Kienzle, Siegfried: Friedrich Dürrenmatt, in: Weber, Dietrich (Hrsg.), Deutsche Literatur seit 1945, in Einzeldarstellungen, Stuttgart o. J.

Klaiber, Theodor: Die deutsche Selbstbiographie, Beschreibungen des eigenen Lebens – Memoiren – Tagebücher, Stuttgart 1921

Klinke, Willibald: Schön ist die Jugend, Erinnerungen aus zwei Jahrhunderten, Zürich 1948

Kohn, Hans: Martin Buber, Sein Werk und seine Zeit, Ein Beitrag zur Geistesgeschichte Mitteleuropas 1880–1930, 2. Auflage, Köln 1961

Kribben, Karl-Gert: Wolfdietrich Schnurre, in: Weber, Dietrich (Hrsg.), Deutsche Literatur seit 1945, in Einzeldarstellungen, Stuttgart o.J.

Lennartz, Franz: Deutsche Dichter und Schriftsteller unserer Zeit, Einzeldarstellungen zur Schönen Literatur in deutscher Sprache, 10. Auflage, Stuttgart 1969

Levy, J./Grigg, K.A.: Early Memories – Thematical-configurational Analysis, Arch. Gen. Psych. 7, p. 57–69, 1962

Mahrholz, Werner: Deutsche Selbstbekenntnisse, Ein Beitrag zur Geschichte der Selbstbiographie von der Mystik bis zum Pietismus, Berlin 1919

von Martens, Valérie (Hrsg.): Das große Curt Goetz-Album, Bilder eines Lebens, Stuttgart 1968

Mayman, M., Faris, M.: Early Memories as expressions of Relationship Paradigms. Am. J. Orthopsychiat. 30, p. 507 (1960)

Migner, Karl: Alfred Andersch, in: Weber, Dietrich (Hrsg.), Deutsche Literatur seit 1945, in Einzeldarstellungen, Stuttgart o.J.

Misch, Georg: Die Autobiographie, in: Welt und Wort 1950, S. 369

Misch, Georg: Geschichte der Autobiographie, 2 Bde., 3. Auflage, Bern 1949/50

Müller-Seidel, Walter: Autobiographie als Dichtung in der neueren Prosa, in: Deutschunterricht 1951, H. 3, S. 29–30

Nef, Ernst: Das Werk Gottfried Benns, Zürich 1958

Noltenius, Rainer: Hofmannsthal – Schröder – Schnitzler, Möglichkeiten und Grenzen des modernen Aphorismus, Stuttgart 1969

Oppel, Horst: Vom Wesen der Autobiographie, in: Helicon 4. Jg., S. 41–53

Ott, Viktor: Studien zur Selbstdarstellung des Kindes in der modernen Schweizer Erzählliteratur, St. Gallen o.J.

Pascal, Roy: Die Autobiographie, Stuttgart 1965

Reich-Ranicki, Marcel (Hrsg.): In Sachen Böll, Ansichten und Aussichten, Köln und Berlin 1968

Reichardt, Hanns: Die Früherinnerung als Trägerin kindlicher Selbstbeobachtung in den ersten Lebensjahren, Leipzig 1926

Remplein, Heinz: Die seelische Entwicklung des Menschen im Kindes- und Jugendalter [m. Bibl.], München und Basel 1961

Reuter, Hans-Heinrich: Fontane, 2 Bde., München o.J.

Rinser, Luise: Der Schwerpunkt, Frankfurt am Main 1960

Rosenblüth, Pinchas Erich: Martin Buber, Sein Denken und Wirken, Hannover 1968

Ross, Werner: in: Reich-Ranicki, Marcel (Hrsg.), In Sachen Böll, Ansichten und Aussichten, Köln und Berlin 1968

Saul, L.J., Snyder, Th.R., Sheppard, E.: On earliest Memories, Psychoanal. Quart. 25, 228 (1956)

Schelbert-Büchi, Gertrud: Anton Wildgans, Zürich 1943

Schlösser, Manfred (Hrsg.): Auf gespaltenem Pfad, Für Margarete Susman, Darmstadt 1964

Schmitt, Franz Anselm (Hrsg.): Reinhold Schneider, Leben und Werk in Dokumenten, Olten und Freiburg i.Br. 1969

Schwarz, Wilhelm Johannes: Der Erzähler Heinrich Böll, Seine Werke und Gestalten, Bern und München 1967

Seyppel, Joachim: Gerhart Hauptmann, Berlin 1962

Staiger, Emil: Zum neuen Werk von Meinrad Inglin, in: Atlantis 1949, H. 11, S. 5 der Atlantis-Mitteilungen

Stauffacher, Werner: Carl Spitteler, Biographie, Zürich undMünchen 1973

Stern, Erich: Les premiers souvenirs de l'enfance et leur valeur diagnostique, Arch. de Neurol., 54, p. 1–11 (1935)

Straumann, Heinrich: Justinus Kerner und der Okkultismus in der deutschen Romantik, Horgen-Zürich und Leipzig 1927

Stuckert, Franz: Theodor Storm, Sein Leben und seine Welt, Bremen 1955

Torberg, Friedrich: in: Schnitzler, Arthur, Jugend in Wien, Eine Autobiographie, München 1971

Uhlig, Helmut: Gottfried Benn, Berlin 1961

Vischer, A.L.: Seelische Wandlungen beim alternden Menschen, Basel, 2. Aufl., 1961

Voellmy, Samuel: Ulrich Bräker, der Arme Mann im Tockenburg, Ein Kultur- und Charakterbild aus dem 18. Jahrhundert, Nach den Handschriften dargestellt, Zürich 1923

Weber, Dietrich (Hrsg.): Deutsche Literatur seit 1945, in Einzeldarstellungen, Stuttgart o.J.

Weber, Werner: «Werner Amberg», Roman von Meinrad Inglin, in: Neue Zürcher Zeitung 18. 11. 1949

Weber, Werner: Forderungen, Bemerkungen und Aufsätze zur Literatur, Zürich und Stuttgart 1970

Weber, Werner: Tagebuch eines Lesers, Bemerkungen und Aufsätze zur Literatur, Olten und Freiburg i.Br. 1965

Wehr, Gerhard: Martin Buber in Selbstzeugnissen und Bilddokumenten, Hamburg 1968

Wehrli, Max: in: Schaper, Edzard, Untergang und Verwandlung, Betrachtungen und Reden, Zürich 1952

Weizsäcker, Victor von: Zwischen Medizin und Philosophie, Göttingen 1957

Wiek, H.H.: Über den Begriff der vollen Erinnerung nebst Einführung der Psychographie, Fortschr. Neurol. Psychiat. 35, 262–268 (1967)

Wien, Werner: in: von Martens, Valérie (Hrsg.), Das große Curt-Goetz-Album, Bilder eines Lebens, Stuttgart 1968

Wildgans, Lilly: Der junge Wildgans auf dem Weg zur Reife, Biographische Ergänzung aus Erinnerungen, in: Wildgans, Anton, Sämtliche Werke (1948–1956) Bd. 6, Wien und Salzburg

Wilhelm, Egon: Meinrad Inglin, Weite und Begrenzung – Roman und Novelle im Werk des Schwyzer Dichters, Zürich und Freiburg i.Br. 1957

Woodbridge, Margaret: Key-Words in the Language of Agnes Miegel, Urbana/Ill. 1942

Zeh, W.: Die Raumzeit – Gestalt der Erinnerung, Confin. psychiat. 4, 165–193 (1961)